Birmingham auf einen Blick

Birmingham
auf einen Blick

0 — 700 m © Reise Know-How 2018

Museum of the Jewellery Quarter ⑱

Dirmingham Museum and Art Gallery ⑤

Birmingham Cathedral ❶

Erlebenswertes
im City Centre
S. 16

Jewellery
Quarter
S. 31

The Library
of Birmingham ❽ ❸ Victoria Square

Digbeth
und
Eastside
S. 39

⑩ Gas Street Basin

Birmingham
Oratory ㉗

Birmingham
Back to Backs ㉕

Southside
S. 42

Edgbaston
S. 43

The Barber
Institute of
Fine Arts ㉙

W0110377

7 Birmingham entdecken

◁ *Das Stadtbild Birminghams ist von Kanälen und Hausbooten geprägt*
(001bh-fo©Kris Kuzniar, stock.adobe.com)

Anna Regeniter

CITY|TRIP
BIRMINGHAM

Nicht verpassen! Karte S. 3

1 Birmingham Cathedral [D3]

Die Kirche St Philip mag eine der kleinsten Kathedralen Englands sein, aber sie besticht durch die herrlichen Buntglasfenster des Künstlers Edward Burne-Jones (s. S. 16).

3 Victoria Square [D4]

Der quirlige Platz mitten im Herzen der Stadt zeugt vom Prunk des viktorianischen Zeitalters und wird von den schönsten Gebäuden Birminghams flankiert (s. S. 17).

5 Birmingham Museum and Art Gallery [D4]

Der größte Goldschatz der Angelsachsen, der je gefunden wurde, und die weltweit wichtigste Sammlung an präraffaelitischen Gemälden gehören zu den Highlights des städtischen Kunstmuseums (s. S. 19).

8 The Library of Birmingham [C4]

Schon allein wegen seiner bepflanzten Dachterrassen ist der riesige Bücherpalast ein Muss für jeden Besucher. Von hier öffnet sich ein weiter Blick über die gesamte Stadt (s. S. 22).

10 Gas Street Basin [C5]

Buntbemalte Hausboote, kopfsteingepflasterte Treidelpfade und urige Pubs direkt am Kanal – das Gas Street Basin gehört zu den stimmungsvollsten Ecken Birminghams (s. S. 24).

18 Museum of the Jewellery Quarter [B1]

Bei den informativen und amüsanten Führungen durch die ehemalige Schmuckfabrik lernt man viel über die Schmuckherstellung und das Leben der Menschen, die hier früher arbeiteten (s. S. 35).

25 Birmingham Back to Backs [E5]

Die Tour durch die historischen Häuser gleicht einer Zeitreise und man erfährt Interessantes über die Schicksale der Menschen, die hier wohnten (s. S. 42).

27 Birmingham Oratory [bh]

Die als „Little Rome of Birmingham" bekannte Kirche lockt nicht nur mit ihrer beeindruckenden Architektur, sondern auch wegen ihrer engen Verbindung zu J.R.R. Tolkien (s. S. 43).

29 The Barber Institute of Fine Arts [bj]

Das Kunstmuseum beherbergt eine erstklassige Sammlung an Gemälden von großen europäischen Meistern (s. S. 45).

Leichte Orientierung mit dem cleveren Nummernsystem

Die Sehenswürdigkeiten sind im Text und im Kartenmaterial mit derselben **magentafarbenen ovalen Nummer ①** markiert. Alle anderen Lokalitäten wie Geschäfte, Restaurants usw. tragen ein **Symbol und eine fortlaufende rote Nummer (🛍1)**. Die Liste aller Orte befindet sich auf Seite 141, die Zeichenerklärung auf Seite 144.

Zeichenerklärung

★ ★ ★ nicht verpassen
★ ★ besonders sehenswert
★ wichtig für speziell interessierte Besucher

[A1] Planquadrat im Karten-material. Orte ohne diese Angabe liegen außerhalb unserer Karten. Ihre Lage kann aber wie die von allen Ortsmarken mithilfe der begleitenden Web-App angezeigt werden (s. S. 144).

Updates zum Buch

www.reise-know-how.de/ citytrip/birmingham18

Vorwahlen

❯ für Großbritannien: 0044
❯ für Birmingham: 0121

133 Anhang

Englands zweitgrößte Stadt hat sich in den letzten Jahren in eine der aufregendsten Metropolen Großbritanniens verwandelt. Das einst als hässliches Entlein abgestempelte Birmingham strotzt heute nur so vor Lebensfreude, Kreativität und Energie. Nach langen Umbauarbeiten strahlt der Hauptbahnhof in neuem Glanz, während der Chamberlain Square 2018 wiedereröffnet werden soll (s. S. 97). Weitere Neuerungen:

Neues Kulturfestival

Das Kunst- und Kulturfestival Birmingham Weekender hat sich nach seiner Einweihung 2015 schnell zu einem Highlight der britischen Kulturszene gemausert. Fast alle Veranstaltungen sind kostenlos zugänglich (s. S. 93).

Neue Konzerthalle

Im März 2018 eröffnete offiziell die Konzerthalle der städtischen Hochschule für Musik, The Birmingham Conservatoire, mit einem Galakonzert. Außer der Haupthalle finden sich im Conservatoire vier weitere Bühnen für Musik- und Theatervorstellungen sowie ein Jazzcafé (s. S. 82).

Museumswiedereröffnung

Das kleine, aber sehr interessante Lapworth Museum of Geology wurde 2016 wiedereröffnet und schaffte es im Folgejahr gleich auf die Shortlist für den renommierten Art-Fund-Preis (s. S. 45).

Gastronomietipp

Wer moderne britische Küche von bester Qualität genießen will, wird im Restaurant The Wilderness ganz auf seine Kosten kommen (s. S. 73).

BIRMINGHAM ENTDECKEN

Birmingham für Citybummler

„Ich nahte mich ihr mit Widerwillen, weil ich sie nicht kannte; mit Widerwillen werde ich sie wieder verlassen, weil ich es nun tu", schrieb der Historiker William Hutton im Jahr 1781 über die Stadt Birmingham. Vielen heutigen Besuchern wird es ähnlich ergehen: Noch immer haftet der Ruf der trostlosen Industriestadt an der Metropole, doch schon nach einem kurzen Spaziergang durch das Zentrum wird einem schnell bewusst, wie falsch diese Einschätzung ist. Ehrwürdige Villen aus der viktorianischen Zeit reihen sich hier an futuristische Gebäude, eindrucksvolle alte Kirchtürme ragen zwischen hypermodernen Glasbauten in den Himmel.

Die Innenstadt Birminghams ist kompakt: Vom **Hauptbahnhof New Street** [D4] gelangt man schon in einer Viertelstunde zum Viertel Brindleyplace am westlichen Zipfel des Zentrums. Wer wie die meisten Besucher seinen Stadtbummel am Hauptbahnhof beginnt, der kann sich gut von der Menschenmenge über die Haupteinkaufsstraße New Street Richtung Westen treiben lassen. Schon bald erreicht man den **Victoria Square** 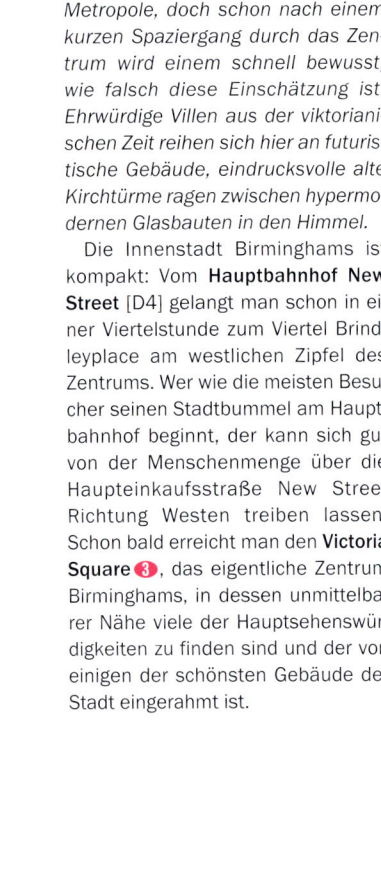, das eigentliche Zentrum Birminghams, in dessen unmittelbarer Nähe viele der Hauptsehenswürdigkeiten zu finden sind und der von einigen der schönsten Gebäude der Stadt eingerahmt ist.

◁ *Vorseite: In der Einkaufspassage Great Western Arcade ❷ findet man viele inhabergeführte Läden*

Läuft man weiter in westlicher Richtung, stößt man auf eine ganz andere Seite Birminghams: Hier am **Gas Street Basin** ❿ und am modernen Ausgeh- und Wohnbezirk **Brindleyplace** [B4/5] kreuzen sich mehrere der **Kanäle**, die einst als Transportadern der Industriellen Revolution fungierten, heute aber zum Flanieren und Pausieren einladen. Die kleinen **Treidelpfade**, auf denen früher Pferde die schweren Güterboote entlangzogen, dienen heute als ideale Verbindungswege für Stadtbummler, um andere Viertel der Stadt zu erreichen. So bringt einen der Pfad entlang des Birmingham & Fazeley Canal schnell und ohne Autoverkehr vom Brindleyplace in das historische Viertel **Jewellery Quarter** (s. S. 31). Geprägt von zweistöckigen Häusern und kleinen Werkstätten, in denen noch heute 40 % der britischen Schmuckindustrie zu Hause ist, geht es hier sehr viel ruhiger und entspannter zu als in der Innenstadt. Neben einigen interessanten Museen finden sich hier viele gemütliche Pubs und Bars, die den kleinen Abstecher in den Nordwesten der Stadt auf jeden Fall lohnenswert machen. Wem der Fußweg zu anstrengend ist, erreicht das Jewellery Quarter in wenigen Minuten mit der Straßenbahn (s. S. 128).

Am östlichen Rand der Innenstadt zeigt sich Birmingham wiederum von einer ganz anderen Seite: **Digbeth**, das frühere industrielle Herzstück der Stadt, ist noch immer geprägt von alten Eisenbahnbrücken, Warenhäusern und Fabriken. Die frühere Tristesse und die damit einhergehenden billigen Mieten haben seit den 1990er-Jahren etliche Künstler in diese Ecke der Stadt gelockt und so

⌂ Auch so ist Birmingham: elegante viktorianische Bauten an der Kathedrale ❶

leuchten die ehemals grauen Fassaden heute in den buntesten Farben und viele der alten Fabriken wurden in Galerien und Läden umgewandelt.

Einer der südlichen Vororte, den man in wenigen Minuten mit dem Zug vom Bahnhof New Street erreicht, ist **Edgbaston**, wo sich die **University of Birmingham** befindet. Auf dem Unigelände finden sich gleich mehrere Sehenswürdigkeiten wie das hervorragende Kunstmuseum **Barber Institute of Fine Arts** ㉙, die den kleinen Abstecher in die Vororte lohnend machen. Auch die südöstlich davon gelegenen Viertel Moseley und Kings Heath sind einen Besuch wert: Das künstlerisch angehauchte **Moseley** gewann vor ein paar Jahren den Preis der Zeitung „Sunday Times" für den besten Wohnort in ganz Großbritannien und auch für Touristen gibt es hier viel zu sehen. Schöne Grünflächen wie der **Cannon Hill Park** (s. S. 91), das Kulturzentrum **mac** ㉝, ein kleiner Zoo und etliche nette Cafés und Pubs locken viele Besucher in diese Ecke der Stadt. Das Gleiche gilt für **Kings Heath**, das

Birmingham von oben
Einen herrlichen Rundumblick weit über die Grenzen Birminghams hinaus hat man von der **Library of Birmingham** ❽ aus, sowohl vom 51 m hohen Skyline Viewpoint in der Dachrotunde als auch von der Secret-Garden-Dachterrasse im 7. Stock.

Wer mehr als nur ein Wochenende in Birmingham verbringt, hat vielleicht auch Zeit für einen Ausflug in die **Lickey Hills** (s. S. 91), eine Wald- und Heidelandschaft etwa 16 km südwestlich von Birmingham. Vom 298 m hohen Aussichtspunkt **Beacon Hill** blickt man nicht nur (wenn auch aus der Ferne) schön über die Stadt, bei klarem Wetter kann man sogar die Berge von Wales sehen.

EXTRATIPP

nur etwa einen Kilometer weiter südlich von Moseley liegt. Auch hier finden sich viele gute Restaurants und Pubs wie zum Beispiel **Hare & Hounds** (s. S. 80), einer der beliebtesten Musikpubs Englands. Beide Viertel sind schnell mit dem Bus oder Taxi zu erreichen und bieten abends eine gute Alternative zu den geschäftigen Lokalen der Innenstadt.

005bh-foto©Kris Kuzniar, stock.adobe.com

⌃ *Abendstimmung im Viertel Brindleyplace [B4/5]*

Kurztrip nach Birmingham

Erster Tag

Am ersten Tag sollte man sich das **City Centre** (s. S. 16) mit den Hauptsehenswürdigkeiten anschauen und einen Abstecher in das historische Jewellery Quarter machen. Hierfür bietet sich der auf Seite 13 beschriebene **Stadtspaziergang** an, der unter anderem zum schönen **Victoria Square** ❸, dem **Birmingham Museum and Art Gallery** ❺ und weiter zum Buchpalast **Library of Birmingham** ❽ führt. Am nahen **Gas Street Basin** ❿ mit seinen Bootsanlegern und bunt bemalten Hausbooten lässt es sich im **The Canal House** (s. S. 73) gut zu Mittag essen.

Auch am Nachmittag folgt man dem Spaziergang durch das **Jewellery Quarter** (s. S. 31) und könnte sich vielleicht einer Führung durch eines der Museen in den alten Fabriken (z. B. **Museum of the Jewellery Quarter** ⓲ oder **Coffin Works** ⓯) anschließen, die dank des britischen Humors nicht nur sehr informativ, sondern auch unterhaltsam sind. Wer mag, kann den Tag in einem der schönen Bars oder Restaurants wie **1000 Trades** (s. S. 78) in den umliegenden Straßen ausklingen lassen oder sich zurück in die Innenstadt begeben, um sich vielleicht ein Theaterstück im **The Old Joint Stock** (s. S. 79) oder ein Konzert in der **Symphony Hall** (s. S. 82) anzuschauen.

Wer in Partystimmung ist, findet in **Digbeth** etliche Nachtklubs wie **The Rainbow Venues** (s. S. 82) oder **The Night Owl** (s. S. 80), in denen man bis in die frühen Morgenstunden feiern kann.

Zweiter Tag

Nach einem ausgedehnten englischen Frühstück lohnt es sich, den Morgen mit einem Abstecher in den Stadtteil **Edgbaston** zu beginnen. Eine kurze Zugfahrt bringt einen vom Bahnhof New Street [D4] zur **Universität von Birmingham**, wo sich das erstklassige Kunstmuseum **The Barber Institute of Fine Arts** ㉙ und das kleine **Lapworth Museum of Geology** ㉚ gleich nebenan für einen Besuch anbieten.

Anschließend geht es weiter zum nur wenige Gehminuten entfernten **Winterbourne House and Gardens** ㉛, wo man bei Regenwetter das historische Haus mit seiner Art-and-Crafts-Einrichtung bewundern oder im Sonnenschein durch den malerischen Garten spazieren kann. Im dazugehörenden Café verwöhnt man sich anschließend mit einem typisch englischen Afternoon Tea.

Nachmittags bietet es sich an, sich eine der Sehenswürdigkeiten im Stadtkern wie die **Birmingham Cathedral** ❶ mit ihren herrlichen Buntglasfenstern genauer anzusehen oder sich einer Führung durch die historischen Häuser im Museum **Back to Backs** ㉕ anzuschließen.

Ein Trip nach Birmingham ist aber unvollständig, solange man nicht mindestens ein **Balti** (s. S. 69), die Spezialität der Stadt, versucht hat, also geht es abends vielleicht in das **Balti Triangle** ㊳, um bei **Al Frash** (s. S. 73) zu schlemmen, oder in das etwas gehobenere **Lasan** (s. S. 74) im Jewellery Quarter. Wer eher auf asiatische Küche steht, findet im **Chinese Quarter** ㉖ eine gute Auswahl, zum Beispiel das kantonesische Restaurant **Chung Ying** (s. S. 74) oder das koreanische **Topokki** (s. S. 75).

006bh-mbc©Craig Holmes

Dritter Tag

Am dritten Tag sollte man sich Zeit für einige der Sehenswürdigkeiten außerhalb der Stadtmitte nehmen. Kinder werden viel Freude am Schokoladenmusem **Cadbury World** ㊵ finden, während Fans von **J.R.R. Tolkien** unbedingt einen Abstecher zur **Sarehole Mill** ㊴ und zum Naturreservat **Moseley Bog** (s. S. 108) machen sollten, wo der Autor seine Kindheit verbrachte. Auch ein Besuch der Kirche **Birmingham Oratory** ㉗ und der umliegenden Straßen, wo man u. a. die Inspiration für Saurons Turm sehen kann, sollte auf dem Plan eines jeden Hobbit-Fans stehen.

Wer stattdessen nach zwei Tagen in der Millionenstadt Birmingham Lust auf ein Kontrastprogramm hat, dem sei die kurze Fahrt in die historischen Städtchen **Stratford-upon-Avon** ㊸, dem Geburtsort William Shakespeares, oder **Lichfield** ㊻ zu empfeh-

◨ *Kunstgenuss im Birmingham Museum and Art Gallery* ❺

len, wo man eine ganz andere Seite Englands kennenlernt. Auch ein Ausflug zu einer der imposantesten mittelalterlichen Burgen Englands, dem **Warwick Castle ⓬**, ist erwägenswert. Wieder zurück in Birmingham, sollte man den Besuch mit einem guten Mahl ausklingen lassen. Wenn das Wetter mitspielt, kann man in der **Cote Brasserie** (s. S. 74) günstig direkt draußen am Kanal essen. Wer sich zum Abschied aber einmal so richtig verwöhnen und das Beste der modernen britischen Küche ausprobieren will, ist bei **The Wilderness** (s. S. 73) an der richtigen Adresse.

Das gibt es nur in Birmingham

❭ *Mehr Kanäle als in Venedig: Es stimmt wirklich, Birmingham wird von mehr Kanälen durchkreuzt als die Lagunenstadt. Besonders schön sind die Wasserwege um das Gas Street Basin ❿ herum.*

❭ *Der größte angelsächsische Goldschatz: Im Birmingham Museum and Art Gallery ❺ ist ein Teil des Schatzes von Staffordshire zu sehen, einem riesigen Goldfund aus dem 7. Jahrhundert.*

❭ *Zentrum der Schmuckindustrie: Im Stadtteil Jewellery Quarter findet sich das größte europäische Zentrum der Schmuckindustrie. Im Museum of the Jewellery Quarter ⓲ wird die Geschichte der Schmuckherstellung anschaulich dargestellt.*

❭ *Saurons Turm und das „echte" Auenland: Viele der Schauplätze im Herrn der Ringe wurden durch Orte in J.R.R. Tolkiens Heimatstadt Birmingham inspiriert, die noch heute zu besichtigen sind (s. S. 105).*

❭ *Balti: Zwar wird das leckere Currygericht auch in anderen Städten Englands aufgetischt, aber erfunden wurde es in Birmingham. Im Balti Triangle ⓯ findet sich die weltweit größte Konzentration an Restaurants, die sich auf das Gericht spezialisiert haben.*

☐ *Aromatisch, würzig, unwiderstehlich: Ein Balti sollte jeder Besucher Birminghams einmal probieren*

023bh-ar

Stadtspaziergang

Wer sich einen Überblick über die wichtigsten Sehenswürdigkeiten verschaffen will, aber auch ein paar Ecken abseits des Trubels entdecken möchte, ist herzlich eingeladen, diesem Stadtspaziergang zu folgen. Ohne Museumsbesuche sollte er etwa vier Stunden dauern.

Los geht es am **Hauptbahnhof New Street** [D4], den man durch den nach Victoria Square ausgeschilderten Ausgang verlässt. Man kreuzt die Stephenson Street und läuft die Lower Temple Street hoch, die zur geschäftigen **Einkaufsstraße New Street** [D4] führt. Diese kreuzt man und gelangt dann durch die Temple Street zur **Birmingham Cathedral** ❶, die schon allein wegen der herrlichen Fenster des Künstlers Burne-Jones unbedingt einen Besuch wert ist. Am Cathedral Square hält man sich links und biegt in die Waterloo Street ab, die zum prunkvollen **Victoria Square** ❸ führt, dessen blumenbepflanzte Terrassen zum eindrucksvollen **Council House** hochführen. Man überquert den Platz und geht auf die **Town Hall** ❹ zu, die am westlichen Ende des Square wie ein römischer Tempel in den Himmel ragt, und nimmt sich vielleicht Zeit für einen Besuch des **Birmingham Museum and Art Gallery** ❺ gleich nebenan.

Während die langjährigen Umbauarbeiten am Chamberlain Square [C4] andauern, folgt man der Paradise Street an der Town Hall vorbei auf den Fußgängertunnel Fletchers Walk zu. Wenn man diesen durchquert hat, führt rechts eine Treppe wieder zur Paradise Street hoch, die man nun links zum Centenary Square entlangläuft, wo die ungewöhnliche Architektur der **Library of Birmingham** ❽ den Blick auf sich zieht (sind die Umbauarbeiten bereits abgeschlossen, überquert man stattdessen einfach den Chamberlain Square). Fällt der Spaziergang nicht gerade auf einen Sonntag, an dem die Bibliothek leider geschlossen ist, sollte man hier nun den Fahrstuhl hoch zum 7. Stock nehmen und den weiten Blick von der **Dachterrasse „The Secret Garden"** genießen, um die Stadt auch von oben kennenzulernen.

Wieder auf Straßenlevel führt die Route weiter durch das **International Convention Centre** [B4], dessen Türen tagsüber immer offen sind, zum Birmingham Canal. Hier folgt man dem Kanalpfad nach links bis zum **Gas Street Basin** ❿ mit seinen vielen bunten Hausbooten und entlang der Biegung zum Pub **The Canal House** (s. S. 73). Von hier geht es weiter entlang des Landestegs auf die hübsche schwarzweiße Fußgängerbrücke zu, die zum urigen **Canalside Café** (s. S. 78) führt, wo sich eine kleine Pause lohnt. Die Route führt nach der Brücke rechts weiter, vorbei am Pub **Tap & Spile** (s. S. 72) und dann durch einen Tunnel unter der Broad Street hindurch. Hinter diesem trifft man bald auf das Bootscafé **The Floating Coffee Co.** (s. S. 76), wo nun links Treppen zum Viertel **Brindleyplace** hochführen. Diese erklimmt man und folgt dann dem Fußweg schräg links zur **Ikon Gallery** ⓬, einer der besten Galerien für zeitgenössische Kunst in England, und dann rechts weiter durch die Oozells Street

Routenverlauf im Stadtplan
Der hier beschriebene Spaziergang ist mit einer farbigen Linie im Stadtplan eingezeichnet.

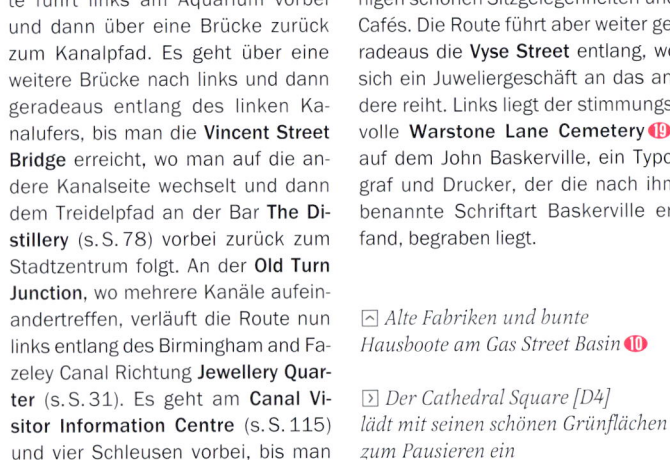

000Bbh-ar

zum Herzstück des Viertels, dem Central Square [B4], der mit seinen Wasserfontänen und Bänken zum Ausruhen einlädt.

Anschließend überquert man den Platz schräg nach rechts auf das **National Sea Life Centre** ⑪ zu. Die Route führt links am Aquarium vorbei und dann über eine Brücke zurück zum Kanalpfad. Es geht über eine weitere Brücke nach links und dann geradeaus entlang des linken Kanalufers, bis man die **Vincent Street Bridge** erreicht, wo man auf die andere Kanalseite wechselt und dann dem Treidelpfad an der Bar **The Distillery** (s. S. 78) vorbei zurück zum Stadtzentrum folgt. An der **Old Turn Junction**, wo mehrere Kanäle aufeinandertreffen, verläuft die Route nun links entlang des Birmingham and Fazeley Canal Richtung **Jewellery Quarter** (s. S. 31). Es geht am **Canal Visitor Information Centre** (s. S. 115) und vier Schleusen vorbei, bis man

an der Fleet Street den Kanal nach rechts über eine moderne, weiße Brücke verlässt. Der Fleet Street nach rechts folgend, erreicht man das Museum **Coffin Works** ⑮, eine ehemalige Sargbeschlagsfabrik, in der man bei einer kurzweiligen Führung viel über das Leben der Arbeiter im letzten Jahrhundert erfährt.

Folgt man der Fleet Street weiter, erreicht man bald die große Straße Parade, in die man nach rechts einbiegt und der man bis zu einem Kreisel folgt. Schräg rechts führt nun die Straße Newhall Hill [B3] in das eigentliche Zentrum des Jewellery Quarter. Es geht vorbei am **Pen Museum** ⑯, in dem die Geschichte der Stiftherstellung in Birmingham spannend erklärt wird, und weiter die Straße bergauf, die von hier ab Frederick Street heißt. Es geht an einigen schönen Bars wie **1000 Trades** (s. S. 78) vorbei, bis man einen Glockenturm erreicht, die sogenannte **Chamberlain Clock**, die nach dem früheren Bürgermeister Birminghams, Joseph Chamberlain, benannt ist. Rechts liegt der **Golden Square** [B2] mit einigen schönen Sitzgelegenheiten und Cafés. Die Route führt aber weiter geradeaus die **Vyse Street** entlang, wo sich ein Juweliergeschäft an das andere reiht. Links liegt der stimmungsvolle **Warstone Lane Cemetery** ⑲, auf dem John Baskerville, ein Typograf und Drucker, der die nach ihm benannte Schriftart Baskerville erfand, begraben liegt.

◹ *Alte Fabriken und bunte Hausboote am Gas Street Basin* ⑩

◺ *Der Cathedral Square [D4] lädt mit seinen schönen Grünflächen zum Pausieren ein*

Wem die Füße mittlerweile wehtun, der kann nun vom **Bahnhof Jewellery Quarter** bequem die Straßenbahn zurück ins Zentrum nehmen. Die eigentliche Route führt aber weiter geradeaus. An der Kreuzung mit der **Spencer Street** [B1] geht es rechts ab, es sei denn, man möchte das spannende **Museum of the Jewellery Quarter** 🔟 besuchen, das nur wenige Schritte weiter geradeaus zu finden ist. Der Spencer Street folgt man bis zum Ende, von wo aus einen die Caroline Street schräg rechts zum hübschen St Paul's Square und der **St Paul's Church** 🔟 führt. Auf der gegenüberliegenden Seite des Platzes folgt man dem Ludgate Hill [C/D3] herab bis zur A4400 (Queensway), die man über eine Fußgängerbrücke überquert.

Weiter geht es geradeaus die Church Street entlang zurück zur **Kathedrale** ❶. Man überquert den Cathedral Square schräg nach links und folgt dann der Temple Row bis zur Kreuzung mit der geschäftigen Einkaufsstraße **Bull Street** [E3/4]. Der Spaziergang verläuft nun entlang der Bull Street, die bald in die High Street übergeht, immer in Richtung des runden Turms des Hochhauses Rotunda. An der Rotunda trifft man schließlich auf den Eingang des **Shoppingcenters Bullring** (s. S. 85), wo man es sich nicht entgehen lassen sollte, ein Foto mit der in ganz Birmingham berühmten **Stierstatue** zu schießen.

Weiter geht es links davon entlang des St Martin's Walk auf die Kirche **St Martin in the Bullring** 🔟 zu, von wo aus man bald das futuristische **Selfridges Building** 🔟 erblickt. Treppen führen hinunter zur Kirche und zum **Rag Market** (s. S. 87), in dessen Nähe unzählige Restaurants und Bistros zu finden sind.

Wer noch Lust hat, überquert nun die Park Street und folgt der Digbeth High Street [F/G5] in südöstlicher Richtung bis zur **Custard Factory** 🔟, um die Street Art und inhabergeführten Läden des Künstlerviertels **Digbeth** zu bewundern und sich vielleicht im **The Old Crown** (s. S. 79), Birminghams ältestem Pub, ein Pint Ale zu gönnen.

Erlebenswertes im City Centre

Das Zentrum Birminghams ist ein buntes Gemisch aus ultramodernen Glasbauten, eleganten viktorianischen Straßenzügen, ruhigen Kanälen und altem Industriecharme. Für die Mehrheit der Besucher beginnt die Stadterkundung an dem futuristischen **Hauptbahnhof New Street** [D4] und dem daran angrenzenden Einkaufspalast **Bullring** (s. S. 85). Von hier aus sind die vier großen Plätze der Stadt, der Victoria, der Centenary, der Chamberlain und der Cathedral Square, in deren Nähe die meisten Hauptsehenswürdigkeiten zu finden sind, in wenigen Gehminuten zu erreichen. Westlich an den Centenary Square grenzt eine der stimmungsvollsten Ecken Birminghams, wo der Lärm und Rummel der Großstadt schnell vergessen ist: am Gas Street Basin ❿ und im Viertel Brindleyplace kreuzen sich mehrere der schmalen Kanäle, auf denen bunte Hausboote gemächlich vor sich hin tuckern und viele Cafés und Pubs zum Verweilen einladen.

❶ Birmingham Cathedral ★★★ [D3]

Die Kirche St Philip mag zwar eine der kleinsten Kathedralen Englands sein, aber sie besticht durch die herrlichen Buntglasfenster des Künstlers Edward Burne-Jones.

Die Birmingham Cathedral wurde 1715 als **anglikanische Pfarrkirche** auf einem Hügel am damaligen Stadtrand erbaut. Der Bau erfolgte in einer Zeit des Umbruchs, in der sich Birmingham innerhalb weniger Jahrzehnte von einem 6000-Seelen-Ort in eine Großstadt von Weltrang verwandelte. Zu Beginn des 20. Jahrhunderts war die Bevölkerung bereits so angestiegen, dass die Stadt ihre eigene Diözese erhielt und somit auch eine Kathedrale brauchte. Anstatt des Baus eines neuen Gotteshauses wurde 1905 St Philip **zum Bischofssitz geweiht.**

Heute befindet sich die Kathedrale mitten im Herzen der modernen Stadt nur wenige Gehminuten vom Bahn-

hof New Street entfernt. Die Architektur ist ein seltenes Beispiel des **englischen Barocks**. Das Highlight sind zweifellos die **farbenprächtigen Fenster** des präraffelitischen Künstlers **Edward Burne-Jones**, der gleich um die Ecke von St Philip geboren und in der Kirche getauft wurde. Während das Design der Fenster auf Burne-Jones selbst zurückgeht, war die Herstellung die Aufgabe seines Freundes **William Morris**, dem Gründer des Arts and Crafts Movement. Von den insgesamt vier Fenstern befinden sich drei im Ostschiff hinter dem Altar. Das Zentrum zeigt eine Abbildung von Christi Himmelfahrt, daneben sind seine Geburt und die Kreuzigung dargestellt. Typisch für Burne-Jones sind neben den leuchtenden Farben vor allem die langgestreckten Körper der Figuren und die horizontale Teilung der Fenster in zwei Komponenten: oben der Himmel mit den Engelsfiguren, unten die Menschen auf Erden. Als Burne-Jones' Meisterwerk gilt die Abbildung des Jüngsten Gerichts am Westende der Kathedrale. Die herrlichen Rottöne kommen besonders am späten Nachmittag zur Geltung, wenn das Abendlicht direkt durch das Fenster fällt.

❯ Colmore Row, B32QB, www.birminghamcathedral.com, Mo.–Fr. 8–18.30 Uhr, Sa./So. 9–17 Uhr, kurze kostenlose Führungen jeweils Mo. 13 Uhr und Mi. 11.30 Uhr, Eintritt frei. Der beeindruckende Cathedral Choir singt meist zur Abendandacht am Di., Mi. und Fr. um 17.45 Uhr sowie So. um 15.30 Uhr.

◁ Recht klein, aber unbedingt sehenswert: die Birmingham Cathedral

❷ The Great Western Arcade ★ [E3]

Die Einkaufspassage The Great Western Arcade gilt als eines der schönsten viktorianischen Gebäude Birminghams.

Die Galerie zwischen den Straßen Temple Row und Colmore Row wurde 1876 von der Great Western Company gebaut, um einen Tunnel zwischen den Bahnhöfen Moor Street und Snow Hill zu überbrücken. **Architektonische Details** wie die schmiedeeisernen türkisen Balustraden und der prachtvolle, im Stil des Neobarock gebaute Eingang an der Temple Row beeindrucken noch heute viele Besucher. 1988 wurde die Galerie von den Einwohnern Birminghams sogar zu ihrem Lieblingsgebäude in der Stadt gewählt.

Heute sind in der Great Western Arcade etliche **inhabergeführte Geschäfte** und auch ein paar **Restaurants** untergebracht.

❯ Colmore Row, B25HU, www.great westernarcade.co.uk, Mo.–Sa. 6.30–22 Uhr, So. 10.30–17.30 Uhr

❸ Victoria Square ★★★ [D4]

Der Victoria Square gilt als das eigentliche Zentrum Birminghams und wird von den beeindruckendsten Gebäuden der Stadt eingerahmt.

Noch bis zum Beginn des 20. Jahrhunderts trug der Victoria Square den Namen Council Square, nach dem Council House, dessen neoklassizistische Fassade mit großer Kuppel sofort den Blick auf sich zieht. Im Jahr 1901 wurde eine **Statue von Queen Victoria** am westlichen Ende aufgestellt. Nur wenige Tage später verstarb die Königin und der Platz wurde zu ihren Ehren umgetauft.

Die weiten Treppen in der Mitte des Platzes führen hoch zum **Council House**, dem Sitz der Lokalregierung, vor dem meist die **Flagge Birminghams** weht. Die blau-rot-gelbe Fahne vereint die Wappen der Familie Birmingham, nach der die Stadt benannt ist, und die Wappen der heutigen Vororte Edgbaston und Sutton Coldfield. Links des Councils House findet sich ein Durchgang zum Chamberlain Square und daneben die römisch anmutende **Town Hall** ❹, welche heute als Konzerthalle dient.

Auf der Treppe vor dem Council House ist **eine der bekanntesten Statuen Birminghams** zu sehen. Die bronzene Abbildung einer Frau, ein Werk der Künstlerin Dhruva Mistry, trägt eigentlich den Titel „The River", ist aber bei den Einheimischen als „**The Floozie in the Jacuzzi**" („Das Flittchen im Jacuzzi") bekannt. Der Springbrunnen, in dem die Statue steht, galt lange als einer der größten seiner Art in Europa, wurde aber 2015 mit Blumenbeeten aufge-

füllt. Auch die zwei sphinxartigen Tierskulpturen namens „The Guardians" sind das Werk Mistrys. Beide Statuen wurden 1994 von Prinzessin Diana feierlich enthüllt.

Am westlichen Ende des Platzes steht der „**Iron Man**", eine 6 m hohe Figur aus Eisen von einem der bekanntesten britischen Bildhauer der Gegenwart, Sir Antony Gormley.

❯ Victoria Square, B11BB

❹ Town Hall ★★ [C4]

Die Town Hall, die 1834 als Konzerthalle erbaut wurde, ragt wie ein römischer Tempel über den Victoria Square und gehört mit zu den Wahrzeichen der Stadt.

Als die Stadt Birmingham zu Beginn des 19. Jahrhunderts immer mehr an Bedeutung gewann, gab der Stadtrat den Bau der Town Hall in Auftrag, die trotz ihres irreführenden Namens von Anfang an als **Konzerthalle**, nicht als Rathaus, gedacht war. Sie ist das Werk des Architekten **Joseph Aloysi-**

us Hansom, der seinen Entwurf stark an den römischen Tempel von Castor und Pollux anlehnte. Der **Ziegelbau** ist mit einer Schicht von **Anglesey-Marmor** abgedeckt, welcher von der gleichnamigen walisischen Insel stammt.

1834 wurde die Halle anlässlich des **Triennial-Musikfestivals** eröffnet und gehörte mit ihren 3000 Sitzbzw. 12.000 Stehplätzen lange zu den größten und wichtigsten Konzertsälen Großbritanniens. Auch die **Orgel** mit ihren 6000 Pfeifen faszinierte schon Anfang des 19. Jahrhunderts viele Besucher und tut es noch heute. Charles Dickens gab in der Birmingham Town Hall Lesungen, britische Premierminister von William Gladstone bis Margaret Thatcher hielten hier Reden, Felix Mendelssohns „Elijah" und Edward Elgars „The Dream of Gerontius" wurden hier uraufgeführt. In den 1960er- und 1970er-Jahren spielten dann Popmusiker wie die Beatles, die Rolling Stones und Bob Dylan in der Halle und bis zum Bau der **Symphony Hall** (s. S. 82) war sie die Heimatbühne des Birmingham Symphony Orchestra. Von 1996 bis 2007 musste die Town Hall wegen Renovierungsarbeiten geschlossen werden, doch heute finden in dem beeindruckenden Gebäude wieder regelmäßig **Konzerte** statt.

▸ Victoria Square, B33DQ, www.thsh. co.uk, Tel. 7803333, Termine für 90-minütige Touren durch die Halle sind auf der Website ersichtlich, Tickets £ 8,50

◁ *Queen Victoria überblickt den nach ihr benannten Platz* ❸

◁ *Eleganz in Marmor: die Säulen der Town Hall*

❻ Birmingham Museum and Art Gallery ★★★ [D4]

In Birminghams größtem Museum gibt es Kunst und antike Schätze von Weltrang zu sehen, so den Schatz von Staffordshire oder die weltweit größte Sammlung an präraffaelitischen Gemälden.

Kunst- und Kulturliebhaber sollten mehrere Stunden für den Besuch des Museum and Art Gallery einplanen: Über drei Stockwerke verteilt finden sich hier **Meisterwerke aus den unterschiedlichsten Epochen.** Vom Haupteingang am Chamberlain Square führt eine Treppe hoch zum **Round Room**, wo Jacob Epsteins Statue „Lucifer" die Besucher begrüßt. Von hier aus lohnt es sich, mithilfe eines kostenlosen Plans die Ausstellungsräume der Reihenfolge nach abzugehen. Zu den Höhepunkten auf Level 2 gehören die Werke des Künstlers **Edward Burne-Jones**, der selber in Birmingham geboren wurde, und die Gemälde anderer **Präraffaeliten**

0112bh-ar

wie Rosetti, Holman-Hunt oder Maddox-Brown. Im selben Stockwerk findet sich außerdem die Dauerausstellung zum **Schatz von Staffordshire** (s. S. 21), in der man den größten Fund angelsächsischen Goldes, der je gefunden wurde, bestaunen kann. Im Stockwerk darüber sind **Schätze aus der Antike** zu sehen und eine hochinteressante Ausstellung über die **Geschichte** und die wichtigsten Personen **Birminghams.** Per Aufzug gelangt man von hier zur **Gas Hall** auf Level 1, einer großen Halle, in der sehenswerte **Wechselausstellungen zu moderner Kunst** stattfinden.

Zum Museum gehören ein großer **Souvenirladen** und die prunkvollen **Edwardian Tearooms,** wo man in schönem Ambiente nicht nur Tee und Kaffee trinken, sondern auch gut essen kann.

> Chamberlain Square, B33DH, www.birminghammuseums.org, Sa.–Do. 10–17 Uhr, Fr. 10.30–17 Uhr, Eintritt frei. Jeden Sonntag finden 45-minütige Führungen zu den Highlights des Museums (Beginn 12 Uhr) und zu politischen und gesellschaftlichen Fragen in der viktorianischen Malerei (Beginn 14 Uhr) statt. Die Tickets kosten £3 und sind im Museumsladen erhältlich.

➏ BBC Visitor Centre ★ [C5]

Im Besucherzentrum des großen britischen Senders kann man kostenlos bei Livesendungen zuschauen und die neusten technologischen Entwicklungen entdecken.

Im BBC Centre in Birmingham werden die Programme des **Lokalsenders BBC West Midlands** sowie des **BBC Asian Network** aufgezeichnet und Besucher dürfen durch Glasfenster bei den Livesendungen zuschauen. Spannend sind zum Beispiel die Nachrichten, die am Wochenende um 13 Uhr, unter der Woche um 13.30 Uhr auf Sendung gehen. Im dazugehörigen Blue Room gibt es interaktive Displays zu neuen BBC-Programmen und Erklärungen zu den neusten Technologien, die von der BBC benutzt werden. Wem das noch nicht reicht: Auch ein Selfie mit der **Tardis**, der Zeitmaschine von „Doctor Who", steht auf dem Programm. Wer kann da doch widerstehen?

Sehr viel gründlicher lernt man den Fernsehsender bei einer **Führung**

☐ *Der Round Room des Birmingham Museum and Art Gallery* ➎

Der Schatz von Staffordshire

2009 stieß Hobbyarchäologe Terry Herbert in einem Feld nördlich von Birmingham auf den größten angelsächsischen Schatz, der je gefunden wurde. Eigentlich wollte der Bauer Fred Johnson dem arbeitslosen Herbert gar nicht die Erlaubnis geben, auf seinen Feldern rund 20 km nördlich von Birmingham nach Schätzen zu suchen, aber Herbert war so beharrlich, dass Johnson schließlich nachgab. Eine Entscheidung, die beide über Nacht zu Millionären werden ließ und Archäologen eine der größten Entdeckungen des Jahrhunderts bescherte.

Am 5. Juli 2009 fing Herberts Metalldetektor auf dem Feld bei Hammerwich zum ersten Mal an zu piepsen. Nach 18 erfolglosen und von seinen Freunden oft belächelten Jahren der Schatzsuche sollte er in den nächsten Tagen Hunderte von Gold- und Silberstücken finden. Die Archäologen, die er bald benachrichtigte, waren sich schnell des enormen Werts des Schatzes bewusst. Rund 5 kg Gold und 2,5 kg Silber stellten sie in den kommenden Wochen sicher. Die Gegenstände, die sie fanden, zeugten von höchster Handwerkskunst und stammten aus dem 7. Jahrhundert, einer Zeit der englischen Geschichte, über die bis heute wenig bekannt ist.

Bei fast allen Fundstücken handelte es sich um kriegerische Gegenstände. Wunderbar verzierte Schwertknäufe, Helmteile und Messergriffe waren darunter, aber auch einige Kreuze und ein Band mit einer biblischen Inschrift. Die für die frühen Angelsachsen typischen Verzierungen aus ineinander verschlungenen Tierkörpern waren von solch herausragender Qualität, dass Forscher keine Zweifel hatten, dass es sich um Besitztümer aus dem höchsten Adelsstand handeln musste. Vermutlich wurde der Schatz zwischen 650 und 670 n. Chr. hier versteckt, rund 200 Jahre also, nachdem angelsächsische Stämme aus Norddeutschland und Skandinavien zuerst begonnen hatten, in England zu siedeln. Die Gegend um Birmingham gehörte damals zum mächtigen Königreich Mercia, dessen Herrscher Penda für seine Kriegskunst berühmt war. Handelt es sich bei dem Schatz vielleicht um seine Kriegsbeute, die hier aus einem unbekannten Grund versteckt wurde? Oder doch eher um eine Opfergabe für die Götter?

Archäologen konnten bisher noch nicht klären, warum und von wem der Schatz begraben wurde und Forschungen werden noch viele weitere Jahre andauern, ein Teil der über 4000 Fundstücke können bereits in einer Dauerausstellung im Birmingham Museum and Art Gallery 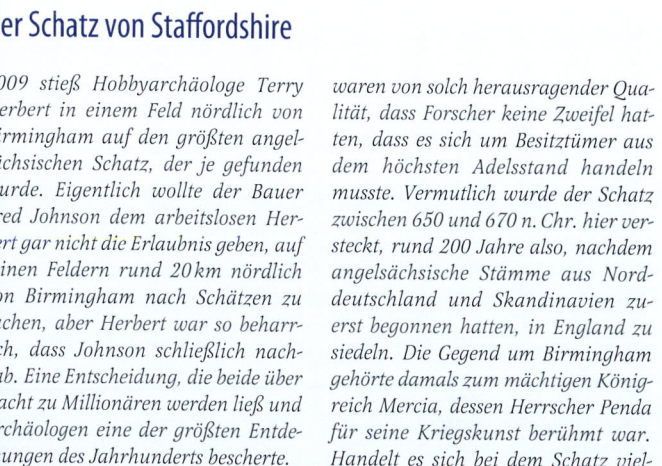 bestaunt werden.

Zu den Höhepunkten der Ausstellung gehören die herrliche Abbildung eines goldenen Pferdekopfs, ein Messergriff mit roten Edelsteinen und die Abbildung zweier Greifvögel, die einen Fisch in ihren Fängen halten. Erstaunlicherweise stammen die Rohstoffe, aus denen der Schmuck hergestellt wurde, aus der ganzen Welt: Das Gold kam aus dem Byzantinischen Reich (in der heutigen Türkei), die Edelsteine kamen aus Indien und der heutigen Tschechischen Republik während das Glas teilweise im Rheinland hergestellt wurde.

kennen, bei der man die Aufnahmestudios für Fernsehen und Radio betreten und auch selbst ein kurzes Rundfunkhörspiel oder den Wetterbericht aufnehmen darf.

❯ Level 3, The Mailbox, B11RF, Eintritt frei. Tickets für Führungen müssen im Voraus unter www.bbc.co.uk/showsandtours/tours/birmingham gebucht werden. 90-minütige Touren (Erw. £10, Kinder £7,50) finden jeweils Di., Mi. und Sa. um jeweils 10.30 Uhr und 13 Uhr statt.

❼ The Hall of Memory ★ [C4]

In der bewegenden Erinnerungshalle wird der Männer und Frauen aus Birmingham gedacht, die in den beiden Weltkriegen und den Kriegen danach gefallen sind.

Das Mahnmal wurde ursprünglich zwischen 1923 und 1925 erbaut, um an die über 12.000 Soldaten aus Birmingham zu erinnern, die im Ersten Weltkrieg ihr Leben verloren. In der Mitte der Halle steht ein Marmorpodium in der Form eines Sargs, auf dem ein Glaskasten mit Büchern zu sehen ist, in dem die Namen aller gefallenen Bürger Birminghams verzeichnet sind. Die drei Abbildungen an den Wänden stellen Szenen aus dem Ersten Weltkrieg dar, wie z. B. Soldaten an der Front, unter denen die Inschrift „At the going down of the sun and in the morning/We will remember them" (Beim Untergehen der Sonne und am Morgen/Werden wir uns an sie erinnern) steht, eine Zeile aus dem Gedicht „Für die Gefallenen" des englischen Dichters Robert Laurence Binyon.

❯ Centenary Square, B12HF, www. hallofmemory.co.uk, tägl. 10–17 Uhr. **Während des Ausbaus der Straßenbahn (voraussichtlich bis Sommer 2018) geschlossen.**

❽ The Library of Birmingham ★★★ [C4]

Die größte öffentliche Bibliothek Europas ist schon allein wegen ihrer Dachterrassen ein Muss für jeden Besucher der Stadt: Von hier hat man einen grandiosen Blick über ganz Birmingham.

Aus der Ferne erinnert die Library of Birmingham ein wenig an einen Stapel von Weihnachtsgeschenken, der von überlappenden Kreisen überspannt wird. Aber noch überraschender ist das **Innere:** Auf zehn kaskadenartig abgestuften Ebenen reihen sich über eine Million Bücher und Magazine, etliche Leseecken und Vortragssäle sowie mehrere lichtdurchflutete Hallen aneinander. Das Ziel der holländischen Architektin **Francine Houben** war es, mit dem 188 Millionen Pfund teuren Bau einen „Palace of the People" zu schaffen, ein riesiges Wohnzimmer für die Bewohner der Stadt, in der die verschiedensten Menschengruppen des so bunt gemischten Birmingham zueinander finden könnten. Das Gebäude wurde 2013 von der Friedensnobelpreisträgerin **Malala Yousafzai** eröffnet und gilt nun als meistbesuchte Sehenswürdigkeit Großbritanniens außerhalb Londons.

Zu den Highlights der Bibliothek gehört der **Shakespeare Memorial Room** in einem kuppelförmigen Raum im obersten Geschoss, in dem eine der wichtigsten Shakespeare-Sammlungen der Welt untergebracht ist. Der Raum wurde ursprünglich im Jahr 1882 für die damalige Bibliothek Birminghams entworfen und später samt viktorianischer Wandvertäfelung im heutigen Gebäude wieder aufgebaut. Zu den rund 44.000 Schriften von und über den Barden gehört u. a. eine sehr seltene Erstausgabe seiner gesammelten Werke aus dem Jahr 1623.

An den Shakespeare Memorial Room schließt sich der **Skyline Viewpoint** an, ein 51 m hoher Aussichtspunkt mit Weitblick über die Stadt. Ebenso eindrucksvoll ist der Blick vom sogenannten **Secret Garden** im siebten Stockwerk, einer großen, bepflanzten Dachterrasse mit vielen Sitzgelegenheiten. Weiter unten im dritten Stock befindet sich die **Discovery Terrace** mit Gemüsebeeten und Obstbäumen.

Ein Muss für Filmfans ist die **Mediathek des British Film Institute** im dritten Stock. Hier kann man sich kostenlos in bequemen Kabinen über 2500 britische Filme und Fernsehprogramme anschauen.

Auf der Eingangsebene befinden sich außerdem ein Café und ein schöner Souvenirshop.

Centenary Square, B12ND, www.libraryofbirmingham.com, Mo./Di. 11–19 Uhr, Mi.–Sa.11–17 Uhr, geschl.: So., Eintritt frei

🅹 Statue „Boulton, Watt and Murdoch" ★ [C4]

Die **vergoldete Statue** am Centenary Square zeigt die drei Industriellen Matthew Boulton, James Watt und William Murdoch, deren Erfindungen maßgeblich zur Industriellen Revolution beigetragen haben. In den Händen halten die drei Männer einen Plan, der besonders ihre Erfindungen bezüglich der Entwicklung der Dampfmaschine symbolisieren soll. **Matthew Boulton** (1728–1809) war einer der führenden Industriellen seiner Zeit und führte als erster Arbeitgeber in Großbritannien eine Krankenversicherung und Krankengeld für seine Angestellten ein. Bei **James Watt** (1736–1819) handelte es sich um einen schottischen Erfinder, der die Weiterentwicklung der Dampfmaschine vorantrieb, sie sehr viel effizienter machte und somit wesentlich

◹ *Die Library of Birmingham – ein Palast für Bücher*

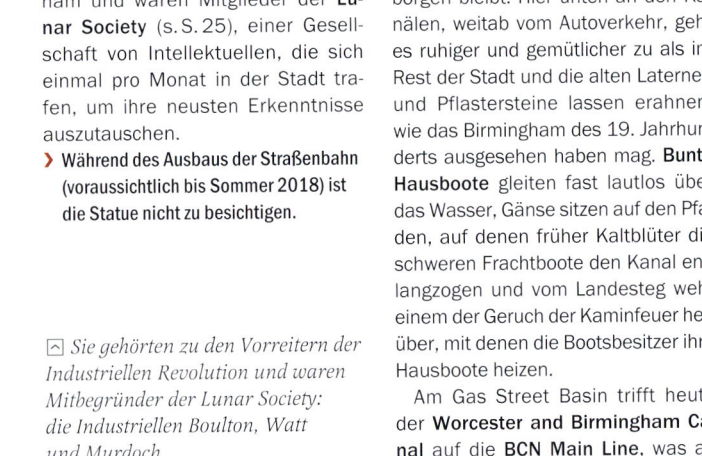

stärkere Maschinen ermöglichte. Zusammen mit Matthew Boulton gründete er die Firma Boulton & Watt in Birmingham. Die Maßeinheit Watt ist nach ihm benannt.

William Murdoch (1754–1839) war ebenfalls Schotte und ein Angestellter und später Partner der Firma Boulton & Watt. Er ist heute besonders für seine Erfindung der Gasbeleuchtung berühmt.

Die drei Männer verbrachten den größten Teil ihres Lebens in Birmingham und waren Mitglieder der **Lunar Society** (s. S. 25), einer Gesellschaft von Intellektuellen, die sich einmal pro Monat in der Stadt trafen, um ihre neusten Erkenntnisse auszutauschen.

❯ Während des Ausbaus der Straßenbahn (voraussichtlich bis Sommer 2018) ist die Statue nicht zu besichtigen.

☐ Sie gehörten zu den Vorreitern der Industriellen Revolution und waren Mitbegründer der Lunar Society: die Industriellen Boulton, Watt und Murdoch

🔟 Gas Street Basin ★★★ **[C5]**

Bunte Hausboote, urige Pubs am Wasser, kleine Treidelpfade (s. S. 8) – und das alles eingerahmt von alten Bauten aus rotem Backstein: Das Kanalbecken an der Gas Street ist eine der idyllischsten Ecken Birminghams.

Wer von der geschäftigen Broad Street die Treppe zum Kanalpfad heruntergeht, der trifft bald auf eine ganz andere Seite Birminghams, die flüchtigen Besuchern der Stadt oft verborgen bleibt. Hier unten an den Kanälen, weitab vom Autoverkehr, geht es ruhiger und gemütlicher zu als im Rest der Stadt und die alten Laternen und Pflastersteine lassen erahnen, wie das Birmingham des 19. Jahrhunderts ausgesehen haben mag. **Bunte Hausboote** gleiten fast lautlos über das Wasser, Gänse sitzen auf den Pfaden, auf denen früher Kaltblüter die schweren Frachtboote den Kanal entlangzogen und vom Landesteg weht einem der Geruch der Kaminfeuer herüber, mit denen die Bootsbesitzer ihre Hausboote heizen.

Am Gas Street Basin trifft heute der **Worcester and Birmingham Canal** auf die **BCN Main Line**, was a

Die Lunar Society

Die Lunar Society („Mond-Gesellschaft") wurde 1765 von Erasmus Darwin, dem Großvater Charles Darwins, in Birmingham gegründet, um einen Austausch von Wissen zwischen den größten Denkern der Stadt zu fördern. Industrielle, Wissenschaftler und Erfinder, aber auch Dichter, Philosophen und Theologen gehörten zu der Gruppe, die sich bald zu einem Zentrum von revolutionären Ideen entwickelte.

Die Society traf sich einmal im Monat bei Vollmond, um den abendlichen Heimweg zu erleichtern. In Anspielung auf das englische Wort für Verrückte („lunatics") nannten sich die Mitglieder humorvoll Lunarticks. Meist traf man sich in Matthew Boultons Soho House 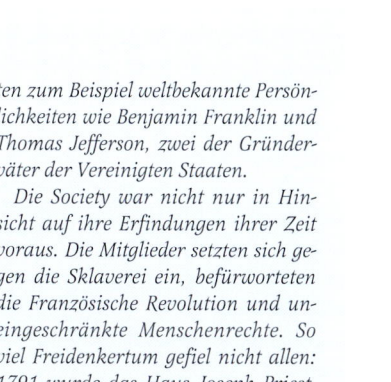 oder in Darwins Haus (s. S. 63) in Lichfield. Zu den wichtigsten Mitgliedern gehörten neben Darwin und Boulton auch Boultons Geschäftspartner Watt und Murdoch sowie Joseph Priestley, der Entdecker des Sauerstoffs. Sowohl die Weiterentwicklung der Dampfmaschine als auch die Erfindung der Gasbeleuchtung und des Telegrafen können den Mitgliedern der Lunar Society angerechnet werden. Die Bedeutung der Gesellschaft ging weit über Birmingham hinaus. Zu ihren Gästen gehör-

ten zum Beispiel weltbekannte Persönlichkeiten wie Benjamin Franklin und Thomas Jefferson, zwei der Gründerväter der Vereinigten Staaten.

Die Society war nicht nur in Hinsicht auf ihre Erfindungen ihrer Zeit voraus. Die Mitglieder setzten sich gegen die Sklaverei ein, befürworteten die Französische Revolution und uneingeschränkte Menschenrechte. So viel Freidenkertum gefiel nicht allen: 1791 wurde das Haus Joseph Priestleys im Laufe der sogenannten Priestley-Unruhen von einer randalierenden Meute abgebrannt. Erasmus Darwin, der schon 60 Jahre vor seinem berühmten Enkel die ersten Ideen der Evolutionstheorie entwickelt hatte, zögerte, seine Erkenntnisse zu veröffentlichen, denn er fürchtete um seinen guten Ruf und seine Karriere als Arzt. Nach seinem Tod im Jahr 1802 löste sich die Lunar Society langsam auf. Aber für fast 50 Jahre sorgten die Lunarticks für einen regen Austausch an Ideen und Forschungsergebnissen, der Birmingham zu einem der großen Zentren für progressives Denken im 18. Jahrhundert werden ließ. Die Erfindungen und Ideen der Lunar Society sollten die Welt in einem nicht geringt zu schätzendem Maße für immer verändern.

erdings nicht immer der Fall war. Bis 1815 trennte noch dort, wo heute eine schwarz-weiße Fußgängerbrücke steht, die Worcester-Barriere (Worcester Bar) die beiden Kanäle, damit das Wasser nicht von der höhergelegenen BCN Main Line in den Worcester Canal abfließen konnte. Frachtboote mussten umständlich

entladen und die Waren mussten über die Barriere gehievt werden. Ein Teil der Barriere steht noch heute: Sie wird jetzt von etlichen Hausbooten als Anleger benutzt. 1815 sorgte ein neues Gesetz dafür, dass die beiden Kanäle gegenüber dem heutigen Canalside Café (s. S. 78) durch eine **Schleuse** verbunden wurden und der

Entschleunigen an Birminghams Kanälen

Mehr Kanäle als Venedig? Ja, so erzählen einem die Brummies (s. S. 103) immer wieder stolz, Englands zweite Stadt hat tatsächlich ein größeres Kanalnetz als die italienische Lagunenstadt vorzuweisen. Ganze 56 km an Wasserwegen durchziehen die Stadt, im Großraum Birminghams sind es sogar 160 km. Und wenn Birmingham auch einiges größer als Venedig ist und die Dichte an Kanälen somit geringer ausfällt, so prägen die ruhigen Wasserwege das Gesicht der Stadt doch in bedeutendem Maße.

In welcher anderen britischen Großstadt kann man schon innerhalb von wenigen Gehminuten dem Rummel der größten Einkaufsstraßen entkommen, in dem man einfach eine Treppe in das Reich der bunten Hausboote herabsteigt? Es hat etwas ungemein beruhigendes, den Kanalbooten zuzusehen, die mit einer Höchstgeschwindigkeit von sechs Stundenkilometern langsam über das stille Wasser gleiten. Und so gibt es im britischen Englisch sogar einen Ausdruck für jemanden, der genau dies gerne tut: Ein Kanalbootliebhaber, der nicht selbst ein Boot fährt, sondern nur gern vom Ufer aus zuschaut, ist ein „Gongoozler".

Während heute besonders die Ruhe und Gemächlichkeit der langsam fahrenden Hausboote so anziehend auf „Gongoozlers" wirken, wurden die Kanäle im 18. Jahrhundert im Zuge der Industriellen Revolution als vielbefahrene Schnellwege für den Warentransport gebaut. Über 170 Jahre lang verkehrten auf den Wasserwegen Birminghams rund um die Uhr mit Kohle und Eisen beladene Gütertransporter. Schon am Ende des 18. Jahrhunderts wurden an wichtigen Umladestationen wie im Gas Street Basin Gaslichter angebracht, damit der Transport auch nachts nicht zum Erliegen kam.

Der erste Kanal Birminghams wurde 1767 gebaut, nachdem die wichtigsten Industriellen der Stadt bei einem Treffen beschlossen hatten, dass eine Verbindung zwischen Birmingham und

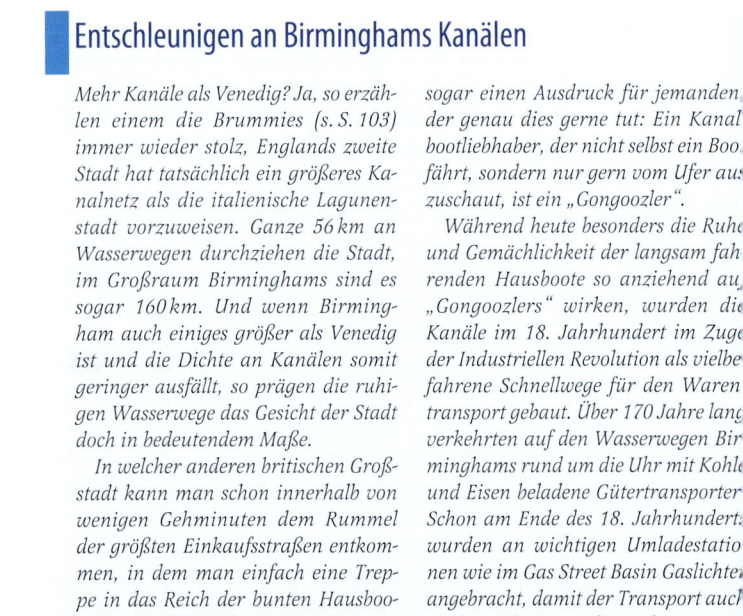

dem Staffordshire und Worcester Canal hermusste, um einen schnellen und billigen Transportweg aus den Kohleregionen der West Midlands zu schaffen. Der Ingenieur James Brindley, der als Genie der Kanalbaukunst galt, bekam den Auftrag, Birmingham an das schon bestehende Kanalnetzwerk anzuschließen. Noch heute erinnern einige Straßennamen und das Viertel Brindleyplace an seine Verdienste.

Bald waren die großen Städte Englands allesamt durch Kanäle verbunden und die Industrielle Revolution, die vom billigen und schnellen Warentransport abhängig war, konnte richtig in Schwung kommen. Innerhalb eines Jahrzehnts arbeiteten bereits Tausende von Männern auf den Kanälen und im Laufe der Zeit begannen immer mehr Familien, ihr Leben ganz auf die Boote zu verlegen, um gemeinsam dort zu arbeiten. Im Jahr 1895 wohnten immerhin 4000 Kinder unter 12 Jahren in England auf Kanalbooten. Schon zum Ende des 19. Jahrhunderts entwickelte sich die Tradition, die Hausboote mit bunten Rosen und Burgen zu dekorieren und ihnen Namen zu geben - ein Brauch, dem noch heute viele Bootsbesitzer folgen.

Überhaupt bildete sich eine ganz eigene Kultur auf den Kanälen: Normalbürger standen den „Boaters" ähnlich wie anderen Nichtsesshaften misstrau-

isch gegenüber und die Bootsarbeiter blieben meist unter sich. Bis 1920 konnten nur die wenigsten Bootsbewohner lesen oder schreiben, da ihr unsteter Lebensstil einen Schulbesuch erschwerte. Erst das Bootskinder-Schulgesetz machte den Unterrichtsbesuch auch für die Kinder auf den Kanälen zur Pflicht.

Mit dem Ausbau des Eisenbahn- und Straßennetzes verloren die Kanäle schnell ihre Bedeutung. Nach dem Zweiten Weltkrieg ging es mit vielen der Wasserwege so bergab, dass sie sich bald in dreckige Kloaken verwandelten und sie teilweise einfach mit Schutt aufgefüllt wurden.

Die Renaissance der Kanäle kam mit der Entdeckung der „Narrowboats" als perfektes Gefährt für einen entspannenden Urlaub. Die Behörde British Waterways (heutiger Name: Canal und River Trust), die noch heute für die Kanäle zuständig ist, erkannte das Potenzial der schönen Wasserwege für den Tourismus. Verfallene Kanäle wurden restauriert, Schleusen wurden wiedereröffnet und Hausboote für Wochenendtrips vermietet.

Heute verkehren wieder über 38.000 Boote auf den Kanälen Englands, von

◪ Die alten Treidelpfade (s. S. 8) sind längst zu schönen Gehwegen umfunktioniert worden

◩ Ein Hausboot tuckert gemächlich durch das Gas Street Basin ❿

denen immerhin 26 % Hauptwohnsitz ihrer Besitzer sind. Während einige Boote das ganze Jahr über an derselben Stelle festgemacht sind, sind andere, die sogenannten „Continuous Cruisers", ununterbrochen unterwegs. Wer entlang der Kanalpfade Birminghams bummelt, wird schnell über der Kreativität der Bootsbesitzer staunen. Auf einigen Dächern wachsen ganze Gärten, andere Boote wurden in Kunstgalerien umgewandelt, von wieder anderen Booten aus wird Kuchen verkauft.

Über viele Jahre hinweg galten Hausbootsbewohner als Aussteiger und etwas kauzig, aber das hat sich mittlerweile geändert: Wegen der haushohen Immobilienpreise in Städten wie London ist es heute auch für Banker, Makler und sogar Abgeordnete nicht ungewöhnlich, auf einem „Narrowboat" zu wohnen. Wer das Leben auf den Kanälen einmal selbst ausprobieren möchten, kann im Bootshotel Boatel Birmingham (s. S. 127) mitten im Zentrum Birminghams übernachten oder bei Mietfirmen wie Drifters (www.drifters.co.uk) oder Waterways Holidays (www.waterwaysholidays.com) für einige Tage oder auch Wochen ein Boot mieten und in aller Ruhe über die Kanäle Birminghams und der Umgebung tuckern.

❯ www.canalrivertrust.org.uk.
Allgemeine Infos über die Kanäle Großbritanniens.

⌃ Ein schwimmendes Gartencenter: Diese Hausbootsbesitzer verkaufen von ihrem Heim aus Pflanzen

Bootsverkehr in der Innenstadt endlich ungehindert fahren konnte.

In den 1990er-Jahren wurden große Teile des Kanalnetzwerks regeneriert und die Pfade entlang des Wassers verschönert. Heute finden sich hier am Gas Street Basin etliche urige **Pubs** und gute **Restaurants** mit schönen Sitzgelegenheiten direkt am Wasser.

❯ nahe der Gas Street, B12JT

⑪ The National Sea Life Centre ★★ [B4]

In Englands größtem Indoor-Aquarium gibt es Pinguine, Haie, Riesenkraken und etliche andere Meeresbewohner zu bestaunen.

Über 2000 Lebewesen aus allen Weltmeeren sind in dem von **Norman Foster** entworfenen Sea Life Centre zu sehen. Das Zentrum ist in 15 verschiedene Zonen eingeteilt, die die **verschiedenen Meereslebensräume** nachahmen, von der Antarktis über Korallenriffe bis zu Salzlagunen. Besucher folgen einem gut ausgeschilderten Weg, der sie von Zone zu Zone führt.

Das Highlight des Zentrums ist ohne Zweifel der **360°-Glastunnel**, der Besuchern die Möglichkeit gibt, verschiedene Haiarten und etliche Fische aus größtmöglicher Nähe zu erleben. Zu den Haien, die hier zu sehen sind, gehören Schwarzspitzen-Riffhaie und Hammerhaie. Aber auch die Eselspinguine, die ihren Namen ihrem merkwürdigen Geschrei zu verdanken haben, Otter, Rochen und Seepferdchen, für deren Zucht das Sea Life Centre berühmt ist, wissen zu begeistern. Besonders Kinder mögen auch die Gezeitentümpel, in denen man Seeanemonen, Seesterne und Krabben anfassen darf.

❯ The Water's Edge, Brindleyplace, B12HL, www.vistisealife.com, Mo.–Fr. 10–16 Uhr, Sa./So. und während der englischen Schulferien 10–18 Uhr, Erw. £21, Familien £18 pro Person, bei Online-Vorausbuchungen gibt es bis zu 40 % Rabatt

⑫ Ikon Gallery ★★ [B4]

Die Ikon Gallery gilt als eine der bedeutendsten Galerien für zeitgenössische Kunst in England und zeigt in ihren schönen Ausstellungsräumen Werke von renommierten Künstlern aus der ganzen Welt.

Die Galerie wurde 1964 von dem Sammler Angus Skene und vier Künstlern aus Birmingham gegründet, um die **bildenden Künste** einem breiteren Publikum zugänglich zu machen. Anfänglich war die Ikon Gallery in einem Glaskiosk im Bullring-Einkaufszentrum untergebracht, doch seit 1997 ist sie in einem beeindruckenden ehemaligen Internat am Brindleyplace zu Hause. Das **neugotische Gebäude** wurde 1877 als Schulhaus gebaut und besticht durch seine schöne Backsteinfassade und den Glockenturm. Heute werden hier Werke von renommierten Künstlern wie Cornelia Parker, Olafur Eliasson oder Richard Billingham gezeigt. Neben den Ausstellungen liegt ein weiterer Schwerpunkt der Ikon Gallery auf der Bildungsarbeit, und so finden hier regelmäßig **Vorträge, Diskussionen** und **Workshops** statt.

Besonders lohnenswert ist ein Besuch im Frühling, wenn die Kirschbaumallee vor dem Gebäude in Blüte steht. Zur Galerie gehört außerdem ein Buch- und Souvenirladen sowie das Café Yorks Bakery.

❯ 1 Oozells Square, Brindleyplace, B12HS, www.ikon-gallery.org, Di.–So. 11–17 Uhr, Eintritt frei

⓭ St Martin in the Bullring ★★ [E5]

Nichts verkörpert die Mischung von Alt und Neu in Birmingham so gut wie die Kirche St Martin in the Bullring, deren mittelalterlicher Turm gleich neben dem futuristischen Selfridges-Gebäude in den Himmel ragt.

1290 ließ Sir William de Birmingham hier am alten Markt der Stadt eine Kirche bauen, die allerdings 1873 bis auf den Turm abgerissen werden musste, da der beim Bau benutzte Sandstein zu stark vermodert war. Die neue Kirche ist ein typischer **Sakralbau aus dem viktorianischen Zeitalter** und weist ein paar interessante Details auf. So ist die St Martin-Kirche das einzige Gotteshaus in Großbritannien mit einer **Kanzel im Freien:** Sie geht auf den Pfarrer Dr. John Miller zurück, der Mitte des 19. Jahrhunderts gern draußen predigte. Noch in den 1950er- und 1960er-Jahren benutzten einige Pastore Birminghams die Outdoor-Kanzel, um das Wort Gottes an die Marktbesucher weiterzugeben. Aber auch die **Kanzel im Inneren** der Kirche ist beachtenswert. Von hier aus predigte 1925 mit Dame Elizabeth Cadbury zum ersten Mal eine Frau in einer anglikanischen Kirche und 1969 durfte Erzbischof Patrick Dwyer hier als erster Katholik nach der Reformation in einer anglikanischen Kirche predigen.

Sehenswert sind auch das 1875 von Edward Burne-Jones entworfene und von William Morris gestaltete **Fenster im Südschiff der Kirche** und die **Sandsteinstatuen** im Ostflügel der Kirche. Die älteste von ihnen stammt aus dem Jahr 1325 und stellt Sir William de Birmingham dar. Sie ist die älteste noch erhaltene Statue, die

in Birmingham angefertigt wurde. Sir Williams Beine sind als Zeichen für seine Teilnahme an zwei Kreuzzügen über den Knien gekreuzt.

> ❯ Edgbaston Road, B55BB, www.bullring. org, Mo.–Sa. 10–16, So. 9–19 Uhr, Eintritt frei

⓮ Selfridges Building ★ [E4]

Das ikonische Selfridges-Gebäude ist seit seiner Fertigstellung 2003 schnell zu einem Wahrzeichen Birminghams geworden.

Das futuristische Einkaufshaus, das Teil des Shoppingcenters **Bullring** (s. S. 85) ist, gilt als eines der interessantesten Beispiele der sogenannten **Blob-Architektur**, deren Bauten sich durch runde, organische Formen auszeichnen. Das **wellenförmige Gebäude** wurde von dem Architekturbüro Future Systems unter der Leitung des Tschechen Jan Kaplický entworfen und gewann bald nach seiner Fertigstellung zahlreiche Auszeichnungen wie den RIBA-Preis für Architektur. Die Stahlfassade ist mit einer Verkleidung aus **15.000 runden Aluminiumscheiben** auf blauem Hintergrund versehen, die je nach Wetterlage in den unterschiedlichsten Silbertönen schimmern und laut der Designern an die fließenden Formen eines Paco-Rabanne-Kleids erinnern sollen. Im Innern findet sich eine Filiale der exklusiven englischen Kaufhauskette Selfridges.

> ❯ **Selfridges & Co,** The Bullring, Upper Mall East Birmingham, B54BP, www. selfridges.com, Mo.–Sa. 8–22 Uhr

▷ *Im Coffin Works wird vorgeführt, wie früher Sargdekorationen hergestellt wurden*

Jewellery Quarter

Das Jewellery Quarter ist seit über 250 Jahren die **Heimat der britischen Schmuckindustrie**. Noch heute wird hier 40% allen Schmucks in Großbritannien hergestellt. Dank seiner atmosphärischen Handwerksläden und Museen, der spannenden **Kunstszene** und seiner vielen schönen **Bars** und **Pubs** gilt der Bezirk als eines der Highlights Birminghams. Das Viertel kann vom Zentrum aus in etwa 15 Minuten zu Fuß oder mit der **Straßenbahn** erreicht werden, die sowohl am St Paul's Square ❷⓪ als auch am Bahnhof Jewellery Quarter [B1] hält. Schön ist auch der **Fußweg** von der westlichen Innenstadt aus entlang des Birmingham and Fazeley Canal.

❶❺ Coffin Works ★★ [C3]

Keineswegs makaber, sondern auch für Kinder hochinteressant ist diese alte Handwerksfabrik, in der früher Sargbeschläge hergestellt wurden. Die mit britischem Witz und Humor gespickten Führungen sind sehr kurzweilig und bringen einem das Leben der Arbeiter in der Newman-Fabrik sehr nahe.

Die alte Fabrik, in der über mehr als hundert Jahre hinweg **Sargdekorationen** und **Leichentücher** hergestellt wurden, wirkt heute ein bisschen so, als hätten sich die Angestellten nur kurz für ein Mittagspäuschen verabschiedet. Die Firma **Newman Brothers** wurde 1894 von Alfred Newman und seinen zwei Söhnen gegründet und entwickelte sich über die Jahre zu einer der höchstangesehenen Sargbeschlagsfirmen Großbritanniens. Die Sargdekorationen für Winston Churchill, Queen Mum und Prinzessin Diana wurden allesamt hier in der Fleet Street hergestellt und angeblich sollen hier auch die Särge für gewisse ältere, noch lebende Mitglieder der Royal Family bereits angefertigt worden sein – für den Fall eines plötzlichen Todes.

Als die Firma 1999 schloss, wurde das alte Gebäude in ein Museum umfunktioniert, in dem man bei spannenden Führungen viel über die Arbeit in der Werkstatt, die Schicksale der Menschen, die hier arbeiteten und die Geschichte des Jewellery Quarter erfährt. Die **Führung** beginnt im Stamp Room, wo vorgeführt wird, wie die jeweiligen Dekorationen mit viel Lärm in das Metall gestampft und

dann ausgeschnitten wurden. Weiter geht es zum Büro, das wie eine Zeitkapsel aus den 1960er-Jahren erscheint und wo Besucher viele interessante und teils sehr amüsante Details über die Menschen erfahren, die hier arbeiteten, wie zum Beispiel über den einzigen Streik, der jemals in der Newman-Fabrik stattfand, als drei Frauen ihre Arbeit niederlegten, weil die Teepausen von fünfzehn auf zehn Minuten verkürzt werden sollten.

In den Werkstätten, wo die Sargbeschläge bemalt und verpackt wurden, kommt man ins Staunen über das künstlerische Talent, dass sich hinter den Entwürfen verbarg, die sich über die Jahrzehnte stark mit der Mode änderten. Auch die Vielfalt der Objekte, von Sarggriffen über religiöse Objekte bis hin zu Leichenkinnstützen, überrascht.

❯ 13–15 Fleet Street, B3 1JP, Tel. 2334790, www.coffinworks.org, Di.–So. 10.45–15 Uhr, Führungen beginnen jeweils zur vollen Stunde und sollten zur Vorsicht vorgebucht werden, Eintritt: Erw. £ 6, Kinder £ 4 (unter 5 Jahren frei)

EXTRATIPP

Spartipp für Museumsfans

Wer vorhat, sowohl das Coffin Works ⓕ als auch das Pen Museum ⓖ und Museum of the Jewellery Quarter ⓗ zu besuchen, bekommt mit einem **Jewellery Quarter Explorer Pass** bis zu 15 % Rabatt beim Kauf der Eintrittskarten. Beim Besuch des ersten Museums zahlt man den normalen Eintrittspreis, beim zweiten Museum bekommt man 10 % Rabatt, beim dritten sogar 15 %. Die Besuche können über zwei Tage ausgedehnt werden und alles, was man für die Ermäßigung braucht, ist die Quittung der vorher besuchten Museen. Die Pässe werden in jedem der drei Museen ausgestellt.

ⓖ The Pen Museum ★ ★ [B3]

Das Jewellery Quarter war früher das weltweit größte Zentrum der Stiftherstellung. Im Pen Museum wird die Geschichte der Schriftkultur und der Stahlfederindustrie in Birmingham spannend erläutert.

Zu Beginn des 19. Jahrhunderts schafften es Industrielle in Birmingham zum ersten Mal, Stahlfedern für Füller mit Maschinen herzustellen. Die billige Massenproduktion ermöglichte die Alphabetisierung auch in armen Gegenden, wo andere Schreibutensilien vorher zu teuer gewesen waren – eine Revolution, deren Folgen heute nicht mehr wegzudenken sind. Dank der Erfindung der **maschinellen Stahlfederproduktion** entwickelte sich das Jewellery Quarter schnell zum weltweiten Zentrum der Stiftindustrie. Um 1850 wurden ganze 75 % der weltweit benutzten Schreibfedern in Birmingham hergestellt. In der ehemaligen Fabrik, in der das Museum heute untergebracht ist, und den damals über 100 weiteren Stahlfederfabriken des Jewellery Quarter waren damals Tausende von Männern und Frauen beschäftigt, die sich auf die Herstellung von Schreibutensilien spezialisiert hatten.

Das Pen Museum besteht aus zwei Teilen: Im Eingangsbereich wird anhand von Tafeln die **Geschichte der Stahlfederproduktion** in Birmingham und die **Geschichte der Schriftkultur** dargestellt. Auch ein kleiner Souvenirladen ist hier untergebracht. Im zweiten Teil können Besucher sich dann selbst an der Herstellung einer Stahlfeder versuchen. Freiwillige Mitarbeiter zeigen einem die verschiedenen Etappen der Produktion und man erfährt einiges über den anstrengenden Arbeitsalltag der Arbeiter im 19

Jahrhundert. Auf einer Punktschrift-maschine darf man außerdem seinen eigenen Namen in Blindenschrift ausdrucken. Interessant ist auch die große Sammlung an herrlichen alten Werbeplakaten für die hier hergestellten Stifte, an Tintenfässern und alten Stiften.

> The Argent Centre, 60 Frederick Street, B13HS, www.penmuseum.org.uk, Di.–Sa. 11–16, So. 13–16 Uhr, Erw. £5, für Kinder unter 16 Jahren Eintritt frei

⓱ JW Evans Silver Factory ★★ [B2]

128 Jahre lang wurden in dieser stimmungsvollen alten Fabrik Silberprodukte hergestellt. Heute kann man in den alten Werkstätten einen faszinierenden Einblick in die Industriegeschichte gewinnen.

Die Fabrik, die 1881 von Jenkins Jones Evans gegründet wurde, kann nur mit einer **Führung** betreten werden, und das ist auch gut so. Schilder oder Infoplakate gibt es hier nicht – die Fabrik wurde einfach ganz genau so belassen, wie sie aussah, als 2008 der Betrieb ausgesetzt wurde. Sobald man die vollgestopften Werkstätten betritt, in denen Werkzeuge und Rechnungen herumliegen, als hätten die Arbeiter gerade eben erst den Raum verlassen, beginnt eine Zeitreise zu den Anfängen der Industriegeschichte. Über Jahrzehnte hinweg wurden bei JW Evans **Silberwaren** auf die gleiche Weise hergestellt: Die gezeichneten Designs mussten in harten Stahl gekerbt werden, um Gussformen für das Metall herzu-

Alte Werbeplakate und Tintenfässer im Pen Museum

stellen, und große Stampfmaschinen pressten das Metall anschließend in die Formen.

Die **Blütezeit der Fabrik** war der Beginn des 20. Jahrhunderts, als Silberwaren für die Mittel- und Oberschicht Statussymbole waren, die man gern zur Schau stellte. Viele Haushalte stellten Diener an, zu deren Aufgaben auch das Polieren des Silbers gehörte. Zu dieser Zeit wurde bei JW Evans täglich eine neue Form entworfen und hergestellt. Kronleuchter wurden angefertigt, Brieföffner, Kerzenlöscher und Salzstreuer. Erst in der Mitte des 20. Jahrhunderts ging der Betrieb zurück: Silberwaren waren kaum noch gefragt, während Autos längst zu den neusten Statussymbolen geworden waren.

In all den Jahrzehnten des Betriebs in der Fabrik JW Evans wurde nichts weggeworfen und so staunen Besucher heute über die Tausende von heute fast schon exotisch anmutenden Entwürfe und Produkte.

Die Stadt der 1000 Handwerke

„The City of a 1000 Trades", so war Birmingham lange in der Welt bekannt. Während andere englische Industriestädte sich auf nur einen oder zwei Sektoren spezialisierten, beruhte der Erfolg Birminghams schon immer auf der vielfältigen Ausrichtung der kleinen, meist familiengeführten Betriebe.

Bereits im 17. Jahrhundert galt Birmingham als Hochburg der Freidenker. Weder die Aristokratie noch die Anglikanische Kirche hatten in der Stadt je viel zu sagen und viele der erfolgreichen Industriellen Birminghams gehörten den Quäkern oder anderen nonkonformistischen Gruppierungen an. Auch Zünfte, die in den meisten Städten Westeuropas die Interessen eines bestimmten Handwerks vertraten, gab es in Birmingham nicht: Obwohl die Bevölkerung der Stadt zwischen den Jahren 1550 und 1700 von 1500 auf 11.500 Bewohner angewachsen war, hatte Birmingham keine Stadtrechte und galt offiziell weiter als Dorf. Jeder konnte einen Beruf ergreifen, ohne einer Zunft anzugehören oder eine bestimmte Ausbildung durchlaufen zu haben - eine Freiheit, die bald Einwanderer aus vielen anderen Teilen Großbritanniens anzog.

Und so konnten sich Arbeiter in Birmingham schon früh ungehemmt von kirchlichen oder weltlichen Gesetzen niederlassen und alterhergebrachte Traditionen hinterfragen und Neues ausprobieren. Ein Beweis für den Erfindungseifer der freidenkerischen Brummies (s. S. 103) war die Zahl der Patente, die schon im 18. Jahrhunderts in der Stadt angemeldet wurden. Nirgendwo sonst in Europa wurde zu dieser Zeit soviel Neues entworfen und produziert.

Ein Besuch in den verschiedenen Museen des Jewellery Quarters wie dem Coffin Works **15** oder dem Pen Museum **16** zeigt die Vielfalt des Handwerks in Birmingham: Wenngleich das Viertel nach der hier noch heute dominierenden Schmuckindustrie benannt ist, wurden schon früh etliche andere Produkte wie eben Stahlfedern für Füllfederhalter und Metallbeschläge hergestellt. Eines hatten die erfolgreichsten Produkte Birminghams allerdings gemeinsam: Sie waren allesamt recht klein, da wegen des Fehlens eines Hafens der Transport von größeren Mengen an Rohmaterial schwierig war. Genug Metall für die Herstellung von Füllfedern hingegen

konnte schnell über die Kanäle herbei-
geschafft werden.

Erst in den 1970er-Jahren ging es
mit Birminghams Industrie abwärts.
Die immer weiterschreitende Zentra-
lisierung Großbritanniens hatte dazu
geführt, dass die einst so unabhängige
Stadt mehr und mehr Entscheidungs-
kraft verlor. Beschlüsse wurden jetzt
in London anstatt im Birminghamer
Council House gefasst und fielen nicht
immer im Interesse der Stadt aus. So
entschied die britische Regierung mithilfe des Industrieverteilungsgesetzes,
die Industrie von erfolgreichen Städten
wie Birmingham in ärmere Gegenden
Nordenglands umzulagern. Es wurde
für neue Betriebe immer schwieriger,
in Birmingham Fuß zu fassen, und die
große Vielfalt an Handwerken ging verloren. Bald blieb Birmingham nur noch
die Autoindustrie und als diese in den
1970er-Jahren zusammenbrach, gab es
in Birmingham Massenarbeitslosigkeit
und einen deutlichen Einbruch der Le-
bensqualität. Erst im letzten Jahrzehnt
hat die Stadt begonnen, sich wieder auf
ihre ehemalige Innovationsfreude und
ihr Freidenkertum zurückzubesinnen.
In den kleinen Werkstätten des Jewellery Quarter und den alten Fabriken in
Digbeth siedeln sich wieder kleine, inhabergeführte Geschäfte und Familien-
betriebe an. Noch ist Birmingham weit
entfernt von seiner ehemaligen Größe
als Stadt der 1000 Handwerke, doch es
ist ganz klar: Es tut sich etwas in der
Stadt.

◁ So wurde früher Schmuck
hergestellt: eine Vorführung im
Museum of the Jewellery Quarter ⑱

Der Besuch der Fabrik erfordert etwas Planung: Nur einmal pro Woche
finden jeweils zwei etwa einstündige
Führungen durch das Gebäude statt,
die vorausgebucht werden müssen.
Die hochinteressanten Erläuterungen
und Erzählungen sind diese Mühe
aber wert.

❯ 54–57 Albion Street, B13EA7, www.
english-heritage.org.uk/j-w-evans-silver-
factory, Führungen müssen unter Tel.
03703331183 vorausgebucht werden
(zukünftige Tourtermine sind auf der
Website ersichtlich), Eintritt £ 7,50

⑱ Museum of the Jewellery Quarter ★★★ [B1]

*Bei einer Führung durch die Gold-
schmuckfabrik Smith and Pepper erfährt man viel über die Schmuckindustrie. Besonders spannend sind aber
auch die Anekdoten über die Menschen, die hier über 80 Jahre hinweg
arbeiteten und deren Schicksale eng
mit der Fabrik verflochten waren.*

Als die **Fabrik Smith und Pepper**
1981 von einem Tag zum anderen
schloss, blieb alles ganz genau dort
liegen, wo es damals an dem letzten
Arbeitstag gestanden hatte. Neun
Jahre lang staubten die Werkstätten
langsam vor sich hin, bis die Fabrik
schließlich in ein Museum umgewandelt wurde. Und so kommt es einem
vor, als betrete man eine wahre Zeitkapsel, wenn man das große Büro
der Firma betritt: Selbst der Brotauf-
strich, der damals in der Küchen-
nische stand, ist noch heute zu sehen, auch wenn der danebenstehen-
de Toaster sicherlich nicht mehr den
heutigen Sicherheitsstandards entspricht. Über eine enge Wendeltreppe
erreicht man anschließend die große
Werkstatt, in der über viele Jahrzehnte lang Schmuck hergestellt wurde.

Jewellery Quarter Heritage Trail

Eine spannende Einführung in die Geschichte des Jewellery Quarters bekommt man auf dem **Jewellery Quarter Heritage Trail**, einem **Rundweg durch das historische Viertel** mit vielen interessanten Stationen. Eine Karte mit Wegbeschreibung und vielen Infos zu den 18 verschiedenen Sehenswürdigkeiten des Trails bekommt man kostenlos in den meisten Museen des Viertels wie dem Museum of the Jewellery Quarter **18**, wo der Rundweg auch beginnt.

Ebenfalls interessant ist es, den sogenannten **Pavement Trails** zu folgen, bei denen es sich um in den Bürgersteig eingelassene Schilder handelt, die auf wichtige Häuser oder geschichtliche Ereignisse hinweisen oder auch auf Erfindungen, die eben hier im Jewellery Quarter gemacht wurden. Der **Findings Trail** beginnt in der Newhall Street [C–D3] mit dem Buchstaben A und folgt dann dem Alphabet die Graham Street entlang und wieder zurück bis zum Buchstaben Z.

Der **Charm Bracelet Trail** beginnt am Newhall Hill [B3] und führt die Frederick Street hinauf.

Berühmt war die Firma besonders für ihre schlangenähnlichen Armbänder mit ägyptischen Motiven, die im England der 1920er Jahren nach der Öffnung von Tutanchamuns Grab sehr beliebt waren. Anhand von Vorführungen wird den Besuchern gezeigt, wie das Gold in der Fabrik bearbeitet wurde und zu welchen drastischen Maßnahmen der Inhaber griff, um bei diesen Arbeiten auch kein einziges Staubkorn an Gold zu verlieren. So durften die Arbeiter bei Smith und Pepper weder Hosen mit Aufschlag noch Pomade tragen – zu groß war die Gefahr, dass sich etwas Gold im Haar oder den Hosen der Angestellten aus der Fabrik herausverirren könnte.

Die **Führung** durch die alte Fabrik ist sehr informativ und gespickt mit englischem Humor und viel Witz, der den Besuch zu einem wirklichen Erlebnis werden lässt. Die meisten Arbeiter blieben der Firma ihr Leben lang treu und so erfährt man bei dem Besuch nicht nur, wie die alten Maschinen funktionierten, sondern auch, wie die Angestellten zueinanderstanden und in was für Intrigen sie verwickelt waren. Zum Museum gehören auch zwei Ausstellungsräume über die Schmuckindustrie und die Geschichte des Jewellery Quarter, die kostenlos zu besichtigen sind, jedoch ist es sehr zu empfehlen, den Besuch mit einer Führung durch die Fabrik zu verbinden, die vorausgebucht werden sollte.

❯ 75–80 Vyse Street, B186HA, Tel. 3488263, www.birminghammuseums.org/jewellery, Di.–Sa. 10.30–17 Uhr, Eintritt frei für die Ausstellungen, Führung durch die Fabrik Erw. £7, Kinder £3

024bh-ar

◁ *Eine Station des Findings Trail: hier wurden Pfeifen für die Offiziere der Titanic hergestellt*

⓳ Warstone Lane Cemetery ★ [B1]

Der stimmungsvolle viktorianische Friedhof ist die letzte Ruhestätte mehrerer bekannter Persönlichkeiten der Stadt.

Der Friedhof, der auch als **Brookfield Cemetery** bekannt ist, wurde 1848 als Ruhestätte für die anglikanischen Einwohner der Stadt gebaut. Ein ungewöhnliches Merkmal sind die im Halbkreis angelegten **Katakomben**, in denen unter anderem der Schriftsetzer **John Baskerville** begraben liegt, nach dem die berühmte Schriftart benannt ist. John Baskervilles Gebeine mussten eine lange Reise über sich ergehen lassen, bevor sie schließlich hier in der Warstone Lane endeten: Der überzeugte Atheist hatte vor seinem Tod im Jahr 1775 strikte Anweisungen hinterlassen, unter keinen Umständen in geweihtem Boden begraben zu werden. Und so ließ ihn seine Frau in einem Mausoleum in ihrem Haus am heutigen Centenary Square begraben, wo seine Gebeine bis 1821 ruhten, als Bauarbeiter zufällig auf sie stießen. Thomas Gibson, dem das Land gehörte, wo das Haus der Baskervilles gestanden hatte, stellte den Sarg kurzerhand in seine Werkstatt und ließ ab und zu Besucher für sechs Pennies den Deckel öffnen, um sich den mumifizierten Baskerville mit eigenen Augen anzuschauen. Erst 1899 wurde er endlich wieder beerdigt – eben hier auf dem Warstone Lane Cemetery.

Eine andere berühmte Persönlichkeit, die hier ihre letzte Ruhestätte gefunden hat, ist **Harry Gem**, der Erfinder des Rasentennis (wenngleich er dem Spiel auch erst den Namen Rasen-Pelota gab) und Mitbegründer des ersten Tennisklubs der Welt, dem Leamington Lawn Tennis Club.

Natürlich besitzt der Friedhof (wie könnte es in England auch anders sein) seine eigenen **Gespenster.** So soll hier zum Beispiel immer wieder die Erscheinung einer Frau gesichtet werden, die im Stil der 1930er-Jahre gekleidet ist und schon dem einen oder anderen Passanten einen Schrecken eingejagt hat, als sie plötzlich vor deren Augen durch Wände und geparkte Autos gegangen sein soll.
❯ Jewellery Quarter, tägl. von Sonnenaufgang bis Dämmerung, Eintritt frei

⓴ St Paul's Church und St Paul's Square ★★ [C2]

Die historische Kirche St Paul's steht inmitten des malerischen St Paul's Square, dem einzigen Platz aus dem Georgianischen Zeitalter, der in Birmingham erhalten geblieben ist.

Die **anglikanische St Paul's Church** wurde 1779 im **neoklassizistischen Stil** erbaut und bald dank ihrer Lage inmitten der Werkstätten der umliegenden Juweliere als die **Jewellers' Church** bekannt. Heute ist sie die einzige noch erhaltene Kirche aus dem 18. Jahrhundert im Zentrum Birminghams.

James Watt und **Matthew Boulton** (s. S. 23), zwei der Vorreiter der Industrialisierung, besaßen hier, wie damals in anglikanischen Kirchen oft üblich, ihre eigenen Kirchenbänke. Da es schon damals in England keine Kirchensteuer gab, war der Verkauf oder das Vermieten von Sitzen eine wichtige Einkommensquelle für die Pfarrgemeinden.

Sehenswert sind besonders das **Buntglasfenster von Francis Eginton** aus dem Jahr 1789 im Ostschiff, das die Bekehrung des Paulus darstellt,

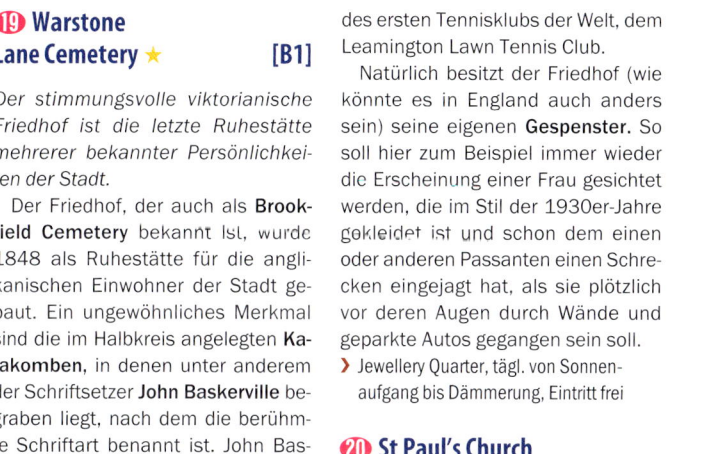

und die **geschlossenen, nummerierten Kirchenbänke,** die typisch für anglikanische Sakralbauten aus dem 18. Jahrhundert sind.

Die Kirche ist eingerahmt von eleganten Häusern mit von Pilastern gesäumten, bunt gestrichenen Eingangstüren. Sie sind typisch für die **Georgianische Architektur,** die in Großbritannien von 1720 bis 1840 vorherrschte und in Birmingham nur noch an wenigen Orten erhalten geblieben ist.

Von dem Friedhof, der die Kirche früher umgab, sind heute nur noch ein paar vereinzelte Grabsteine zu sehen. Stattdessen laden viele Bänke zum Verweilen und Träumen auf dem schönen Platz ein.

❯ St Paul's Square, Jewellery Quarter, B31QZ, www.stpaulsjq.church, Di.–Sa. 10–16 Uhr, Eintritt frei

㉑ RBSA Gallery ★ [C2]

In den Ausstellungsräumen der Royal Birmingham Society of Artists sind neben interessanten Wechselausstellungen auch Werke früherer Mitglieder wie Edward Burne-Jones zu sehen.

Der Kunstverein **Royal Birmingham Society of Artists** (**RBSA**) kann auf eine fast 200-jährige Geschichte zurückblicken. Bereits seit 1821 versteht sich der Verein darauf, die **bildenden Künste in Birmingham zu fördern** und einem breiteren Publikum zugänglich zu machen. Besonders in der viktorianischen Zeit hatte die RBSA enormen Einfluss in Großbritannien: Renommierte präraffaelitische Künstler wie **Edward Burne-Jones** und **John Everett Millais** sowie **William Morris,** der Gründer der Arts and Craft-Bewegung, gehörten damals zu den Mitgliedern.

Während die Society früher in einem imposanten Gebäude mitten in der Innenstadt beheimatet war, ist die heutige Galerie in einem etwas schlichteren Gebäude im Jewellery Quarter zu finden, das im Jahr 2000 von Prinz Charles eröffnet wurde. Über zwei Stockwerke verteilt, sind hier **Werke von lokalen Künstlern** zu sehen, von denen viele auch zu kaufen sind.

❯ 4 Brook Street, B31SA, www.rbsa. org.uk, Mo.–Sa. 10.30–17, So. 13–17 Uhr, Eintritt frei

㉒ St Chad's Cathedral ★★ [D2]

Die katholische Kathedrale Birminghams gilt als ein Meisterwerk der Neugotik und ist eine Oase der Ruhe am Rande des Jewellery Quarters.

Die Kirche St Chad's wurde 1841 als erste katholische Kathedrale, die nach der Reformation in Großbritannien gebaut werden durfte, errichtet. Der Architekt **Augustus Welby Pugin,** einer der Meister der Neugotik und vor allem bekannt für die Londoner Houses of Parliament und Big Ben, entwarf die Kirche im Stil der norddeutschen Hallenkirchen des 13. Jahrhunderts mit sehr hohen, von schmalen Pfeilern getragenen Arkaden. 1941 wurde die Backsteinkirche von Papst Pius XII. zur **Basilica Minor** ernannt, einem Ehrentitel für Kirchen von besonderer historischer Bedeutung, mit dem sich in Großbritannien nur zwei weitere Gotteshäuser schmücken dürfen.

Besonders sehenswert ist der **Hochaltar** mit seinem kunstvollen Baldachin, in dem die Reliquien des **heiligen Chad** verwahrt sind. Chad wurde im 7. Jahrhundert in Northumbria in Nordostengland geboren, wird aber bis heute als der „Apostel der

Midlands" verehrt, da er das Christentum in dieser Ecke Englands eingeführt haben soll. In den letzten Jahren seines Lebens war er als Bischof von Lichfield ㊻ nördlich von Birmingham tätig und starb auch dort. Bis zur Reformation wurden seine Reliquien in der dortigen Kathedrale aufbewahrt und dann versteckt, um sie vor Zerstörung zu bewahren. Erst im Jahr 1837, mehr als 300 Jahre später, kamen sie wieder zum Vorschein und wurden in den Schrein in der St Chad's Cathedral verlegt.

Zur Kirche gehört der große Buchladen St Pauls, in dem religiöse Bücher, CDs und Geschenke verkauft werden.

> St Chad's Queensway, B46EU, www. stchadscathedral.org.uk, Mo.–Fr. 7–17, Sa. 7–18, So. 7–12.30 Uhr, Eintritt frei. Buchladen St Pauls, www.stpauls.org.uk, Mo.–Sa. 9–17 Uhr.

▱ Bunt und kreativ geht es im Szeneviertel Digbeth zu

Digbeth und Eastside

Nur wenige Gehminuten östlich des Stadtzentrums lockt das Kreativviertel **Digbeth** mit seinen bunten Hausfassaden, inhabergeführten Läden und modernen Kunstgalerien. Im ehemaligen Herzstück des industriellen Birminghams finden Besucher einen spannenden Mix aus quirligem Nacht- und Kulturleben und atmosphärischem Industriecharme. Nördlich an Digbeth schließt sich das sogenannte Knowledge-Quarter (das „Wissensviertel") **Eastside** an, in dem das Museum Thinktank ㉔ und die City University zu finden sind.

㉓ The Custard Factory ★★ [G5]

Die ehemalige Puddingfabrik mit ihren inhabergeführten Läden, Cafés und bunten Wandgemälden ist das Herzstück des Kreativviertels Digbeth.

Auf dem kurzen Weg vom Hauptbahnhof bis zur Custard Factory wird schnell deutlich: **Digbeth** war und ist

Ghetto Golf

Es klingt etwas verrückt und das ist es auch: Beim „Ghettogolf" kann man in einer großen, mit bunten Graffiti geschmückten Halle Minigolf spielen und dabei Cocktails schlürfen. DJs sorgen für gute Stimmung und leckeres Streetfood gibt es auch. Auf dem Golfkurs gibt es 18 Stationen zu meistern, die allesamt für viel Spaß sorgen.

●1 [G5] **Ghetto Golf,** Custard Factory, Gibb Street, B94AA, Mo.–Mi. 15–1, Do.–So. 12–1 Uhr, eine Runde Golf £ 10

Digbeth First Friday

An jedem ersten Freitag im Monat geht es bunt zu in Digbeth: Von 18 Uhr bis spät in die Nacht locken Livemusik, Vorführungen, Ausstellungen und Lesungen. Dazu gibt es Straßenimbisse mit Streetfood aus der ganzen Welt. Die meisten Events finden rund um die Custard Factory und die Fazeley Street statt. Was genau wo passiert, wird jeweils kurz vor dem Termin auf der Website angekündigt.

❯ www.digbethfirstfriday.com

das **industrielle Herzland** der Stadt. Große Eisenbahnviadukte überbrücken die Fabrikhallen und Großmärkte, mit Schmetterlingsblumen bewachsene Parkplätze lassen zuerst einen tristen Eindruck entstehen. Aber sobald man in die Gibb Street abbiegt, ändert sich das Straßenbild schlagartig: Lila, kobaltblau und giftgrün strahlen die Hausfassaden hier um die Wette und Lichterketten ziehen sich von einer Straßenseite zur anderen.

Bis 1964 wurde in den Fabrikgebäuden um den Gibb Square herum **Bird's Custard**, eine in England sehr beliebte Puddingmarke, hergestellt. Nachdem der Betrieb in die Grafschaft Oxfordshire umsiedelte, stand die Fabrik lange leer. 1992 begann dann die Verwandlung in einen **Künstler-, Designer- und Digitale-Medien-Komplex.** Das Gebäude **Scott House** war als Erstes dran: Hier entstand Raum für 200 Werkstätten, ein Tanzstudio, eine Galerie, viele Geschäfte, Cafés und einen Pool im Innenhof. Anschließend wurde im gegenüberliegenden Gebäudekomplex **Gibb Square** ein Zentrum für Neue Medien eingerichtet und Platz für weitere Läden und Cafés geschaffen. 2010 wurde auch das ehemalige Devonshire House, das heute als **Zellig Building** bekannt ist, fertiggestellt. Hier entstanden 100 Arbeitsräume für Künstler und Medienarbeiter.

Nicht nur die Läden und Cafés locken viele Besucher zur Custard Factory. Regelmäßig finden hier auch **Klubnächte, Vorführungen, Lesungen** und **Konzerte** statt und die umliegenden Straßen sind geprägt von bunten Graffiti und Street Art. Die große Dichte an Künstlerstudios und Galerien hat längst viele andere Kreative nach Digbeth gelockt, sodass man bei einem Spaziergang durch die hinteren Straßen der Custard Factory schnell auf weitere interessante Galerien und Ausstellungsräume stößt. Besonders lohnenswert ist ein Besuch an Freitag- oder Samstagabenden, wenn in der angrenzenden Lower Trinity Street der **Digbeth Dining Club** (s. S. 74) stattfindet, ein bunter Markt mit Streetfood-Händlern, dessen herrliche Gerüche Besucher aus ganz Birmingham in diesen Teil der Stadt locken.

▷ *Die älteste Dampfmaschine der Welt steht im Museum Thinktank*

㉔ Thinktank ★★ [F3]

Das große naturwissenschaftliche und technologische Museum begeistert mit seinen vielen interaktiven Stationen besonders Kinder.

Das Thinktank tut genau das, was sein Name sagt: Es regt zum Denken an, und das dank seiner vielen interaktiven Stationen auf sehr unterhaltsame Art. Kindern ist erlaubt, alles anzufassen und auszuprobieren. Der Museumseingang findet sich im 1. Stock des Millennium-Gebäudes am Ostrand der Innenstadt, wo sich neben dem Thinktank auch Hörsäle der City University finden.

Über **vier Stockwerke** verteilt, findet man Ausstellungen zu so unterschiedlichen Bereichen wie dem menschlichen Körper, den Robotern der Zukunft oder den Dampfmaschinen des 18. Jahrhunderts. Die jeweiligen Etagen konzentrieren sich auf verschiedene Themengebiete. So finden sich auf Level 0 Ausstellungen zur **Industriegeschichte Birminghams** und zu den **Transportmitteln der damaligen Zeit.** Zu den Exponaten gehört die älteste noch funktionierende Dampfmaschine der Welt, die sogenannte Smethwick Engine, die 1779 von Bounton & Watt bei Birmingham hergestellt wurde. Auf Level 1 finden sich Ausstellungen zum **Maschinenbau** und eine Sammlung der Jagdflugzeuge Spitfire. Level 2 beschäftigt sich mit der **Gegenwart**, sei es in der Medizin, der Zoologie oder der Computertechnik. Auch findet sich hier die **Kids City**, ein Raum voller Spiele, der ein Favorit besonders für Kinder im Grundschul- und Kindergartenalter ist. Auf Level 3 dreht sich alles um die **Zukunft** und das **Weltall.** Man kann eine Raumstation lenken, einen Roboter programmieren und das digitale **Planetarium** besuchen, in dem man sich dank neuester Technik mitten ins Weltall befördert fühlt.

Draußen neben dem Thinktank finden sich außerdem der **Science Garden** mit weiteren interaktiven Stationen und der Kids Park, wo besonders Kinder unter 7 Jahren auf spielerische Art mehr über die Naturwissenschaften lernen können.

❯ Millennium Point, Curzon Street, B47XG, www.birminghammuseums.org.uk/thinktank, tägl. 10–17 Uhr (letzter Einlass 16 Uhr), Erw. £13,50, Kinder £9,75, an Wochentagen außerhalb der Schulferien ab 15 Uhr nur £3 für Erw. und Kinder, der Einlass zum Planetarium kostet weitere £1,50

Southside

Das Stadtviertel Southside ist ein Muss für alle Kulturbegeisterten. In diesem Bezirk finden sich die meisten Theater, Kinos und Konzertsäle Birminghams, genauso wie die Chinatown und das quirlige LGBT-Viertel.

㉕ Birmingham
Back to Backs ★ ★ ★ [E5]

Hier kommt man der Geschichte der Bewohner Birminghams ganz nah: Bei einer Führung durch die historischen Häuser erfährt man viel über das Leben der Personen, die in eben diesen Gebäuden in den letzten 150 Jahren wohnten.

Back to Backs, so nennt man die **Reihenhäuser**, die im England des 19. Jahrhunderts in einem Quadrat um einen Innenhof gebaut wurden und lange als das typische Wohnhaus für die Bewohner Birminghams galten. Heute ist von den früher über 49.000 Back to Backs in Birmingham nur noch eine einzige dieser Häuserzeilen erhalten, die jetzt anhand einer unterhaltsamen und informativen Führung besichtigt werden kann.

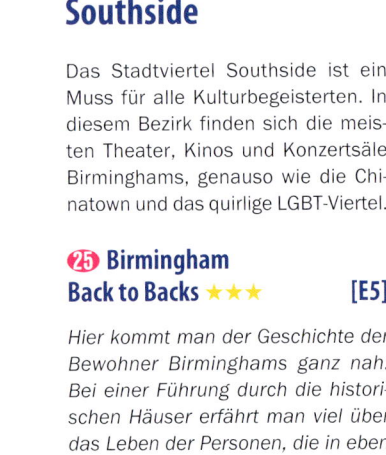

Der Gang durch die Back to Backs ist dabei nicht nur eine Besichtigung der einzelnen Häuser, sondern auch eine **Reise durch die Zeit**, angefangen mit dem Jahr 1841, als die jüdische Familie Levi in eines der Reihenhäuser einzog. Schwer vorzustellen ist es heute, wie es sich damals in den feuchten Wänden ohne Elektrizität und fließendes Wasser leben ließ. Sehr steile, enge Treppen führen hoch zum Schlafzimmer im zweiten Stock, von wo aus es weiter in das Nachbarhaus und damit das Jahr 1871 geht, einer Zeit großer Armut und Arbeitslosigkeit in Birmingham. Kein Wunder, dass die damalige Familie eines ihrer Betten untervermietete, und zwar an einen unverheirateten Mann und eine Frau, die vermutlich in unterschiedlichen Schichten arbeiteten und sich so nicht zu nahekommen mussten. Mit viel englischem Witz bringen einem die Museumsführer die Lebensbedingungen der einzelnen Personen nahe. Je weiter man dem Rundgang durch die engen Korridore folgt, desto weiter nähert man sich der heutigen Zeit, bis man die Zimmer des Schneiders George Saunders erreicht, der erst vor einigen Jahren verstarb und dessen Stimme noch auf Tonband zu hören ist.

Der Gang durch die Back to Backs endet auf dem Innenhof, wo die **sanitären Anlagen** der verschiedenen Jahrzehnte zu sehen sind, genauso wie der Waschraum, der auch schon mal als Brauerei benutzt wurde.

An das Museum schließt sich ein netter **Süßwarenladen** an, der so aussieht, als befände man sich im Jahr 1930.

◁ *Der Innenhof der Birmingham Back to Backs*

> 50–54 Inge Street, B54TE, Tel.
6667671, www.nationaltrust.org.uk/
birmingham-back-to-backs, Febr.–Dez.
jeweils Di.–Do. 13–15, Fr.–So. 10–15
Uhr, Erw. £8, Kinder £5,10, Familien
£18,90. Da an den Touren nicht mehr
als zehn Personen teilnehmen können,
sollte man möglichst telefonisch oder
online vorbuchen.

26 Chinese Quarter ★ [E5]

Asiatische Restaurants, chinesische Architektur und eine siebenstöckige Pagode finden sich in der Chinatown südlich des Stadtzentrums.

Bereits in den 1950er-Jahren siedelten sich Einwanderer aus der früheren britischen Kolonie Hongkong in der Gegend um den Ladywell Walk und den nördlichen Teil der Hurst und der Pershore Street an. Als heutiges Zentrum des Chinese Quarter gilt das kleine Einkaufs- und Unterhaltungszentrum **The Arcadian,** in dem sich etliche chinesische Supermärkte, Restaurants und Cafés befinden. Einige der Gebäude weisen die für China typischen **überhängenden, farbigen Doppeldächer** vor und die **Straßenschilder** tragen chinesische Schriftzüge.

Am leider recht unansehnlichen Kreisverkehr Holloway Circus [D5] westlich des Chinese Quarters steht außerdem eine 20 m hohe **Pagode aus der Provinz Fujian,** die von steinernen Löwen bewacht wird. Die turmartigen Pagoden dienten ursprünglich dazu, die Gebeine von erleuchteten buddhistischen Mönchen aufzubewahren. Heute werden sie, so wie die Pagode hier am Rand des Chinese Quarter, als Glücksbringer und Schutz vor bösen Geistern errichtet.

🔲 2 [E5] **The Arcadian,** 70 Hurst Street, B54TD, www.thearcadian.co.uk, So.–Do. 9–24 Uhr, Fr./Sa. 9–2 Uhr

Edgbaston

Mit seinen stattlichen Villen und weitläufigen Parks gehört Edgbaston zu einem der wohlhabendsten Vororte Birminghams. Auch ist hier die **University of Birmingham** mit mehreren **hochklassigen Museen** zu Hause, deren Besuch die kurze Bahnfahrt vom Stadtzentrum aus auf jeden Fall lohnenswert macht. Um die an der Universität befindlichen Sehenswürdigkeiten zu erreichen, fährt man vom Gleis 12 des Hauptbahnhofs New Street bis zum Halt University. Die Fahrtzeit beträgt sieben Minuten. Zu den anderen Attraktionen in Edgbaston gelangt man schnell mit dem Bus.

27 Birmingham Oratory ★★★ [bh]

Nicht nur für Tolkien-Fans ist ein Besuch der Oratorianerkirche ein Muss. Hinter dem von außen so unscheinbar anmutenden Gemäuer verbirgt sich eines der prunkvollsten Gebäude der Stadt.

Kaum ein anderer Ort in Birmingham hatte einen solchen Einfluss auf den jungen **J.R.R. Tolkien** wie das Birmingham Oratory: Er lebte nicht nur elf Jahre lang in unmittelbarer Nähe der Kirche und besuchte hier den Gottesdienst, sondern auch Father Francis, der damalige Pastor, wurde nach dem frühen Tod seiner Mutter zu seinem gesetzlichen Vormund. Noch heute sind viele Gegenstände aus dem Nachlass von Tolkiens Mutter im Besitz der Oratorianer, wie z.B. der Koffer, mit dem Tolkien als Dreijähriger zusammen mit seiner Mutter und seinem Bruder aus Südafrika in Birmingham ankam.

Die usprüngliche Kirche wurde 1852 von **John Henry Kardinal New-**

030bh-ar

Zum Oratorium gehört neben der Kirche auch das **Pfarrhaus** aus dem Jahr 1852, in dem John Henry Newman bis zu seinem Tod im Jahr 1890 wohnte, und ein schöner Kreuzgang.

Für Tolkien-Fans gibt es in den umliegenden Straßen viel zu entdecken: Nur ein paar Hundert Meter vom Oratory entfernt stehen die zwei Türme, die als Inspiration für die **Türme von Gondor** gelten, und mehrere Häuser, in denen der Autor in seiner Jugend lebte (s. S. 105).

❯ 141 Hagley Road (Eingang: Waterworks Road), B168UE, Buslinie 9 oder 126 bis Plough and Harrow, www.birminghamoratory.org.uk. Die Kirche ist tagsüber meist offen, jedoch ist es ratsam, den Besuch mit dem Ende einer Messe abzustimmen (Zeiten sind auf der Website ersichtlich). Kostenlose Führungen jeden Do. um 11 Uhr, Eintritt frei.

man errichtet, einem ehemals anglikanischen Priester, der später zum Katholizismus übertrat und die erste **Glaubensgemeinschaft der Oratorianer** in England gründete. Er wurde 2010 bei einem Besuch Papst Benedikts XVI. in Birmingham seliggesprochen und sein Schrein befindet sich heute in einer Nebenkapelle rechts vom Hauptschiff.

Die heutige Kirche wurde zwischen 1903 und 1909 **im Stil des italienischen Frühbarock** vom Architekten Edward Doran Webb gebaut und ist als **Little Rome of Birmingham** bekannt. Sicherlich nicht unverdient, denn die große Kuppel mit der Inschrift „Tu es Petrus et super hanc petram aedificabo ecclesiam meam" („Du bist Petrus und auf diesen Felsen werde ich meine Kirche bauen"), der Marmor und die farbigen Mosaike erinnern tatsächlich eher an eine Kirche in der Ewigen Stadt als eine mitten im Herzen Englands.

㉘ Birmingham Botanical Gardens ★★ [bi]

Der prächtige Botanische Garten nur wenige Kilometer südlich des Stadtzentrums ist eine Oase der Ruhe, wo nicht nur Pflanzenliebhaber auf ihre Kosten kommen.

Die 1829 von J.C. Loudon angelegten Gärten erstrecken sich über 4 Hektar Land und bieten einen Lebensraum für über 7000, **teilweise sehr seltene Pflanzenarten.** Besonders sehenswert sind z. B. der Taschentuchbaum, dessen Blüten vor Ende Mai bis Juni tatsächlich wie kleine weiße Tücher aussehen. Auch die Wollemie, die bis 1994 nur als Fossil bekannt war und als ausgestorben galt, gibt es hier zu entdecken. In vier Gewächshäusern können Besucher außerdem die verschiedenen **Pflanzenwelten** im tropischen, subtropischen, mediterranen und Wüstenkli

⌂ *Das Innere des Birmingham Oratory ㉑ ist beeindruckend*

ma entdecken sowie die landesweit wichtigste Sammlung an **Bonsais.** Auch ein **Schmetterlingshaus** und eine Voliere mit **seltenen Vogelarten** wie Weißohrturakos und Glanzfasanen finden sich hier. Für Kinder gibt es zusätzlich einen Entdeckungsgarten und zwei Spielplätze.

› Westbourne Road, B153TR, Buslinie 10, 21, 22, 23, 24 oder 29 bis Westbourne Road, www.birminghambo tanicalgardens.org.uk, Erw. £ 6, Kinder £ 5,25 (unter 5 Jahren kostenlos), Familien £ 22, tägl. von 10 Uhr bis zur Dämmerung

㉙ The Barber Institute of Fine Arts ★★★ [bj]

Die in einem eleganten Art-déco-Gebäude untergebrachte Kunstgalerie beherbergt eine der beeindruckendsten Gemäldesammlungen Großbritanniens.

Als der wohlhabende Bauherr **Henry Barber** 1929 in Birmingham verstarb, gründete seine Ehefrau **Lady Martha Barber** im Andenken an ihn das Barber Institute. Das von Robert Atkinson entworfene Gebäude wurde 1939 von Queen Mary, der Gemahlin des britischen Königs Georg V., eröffnet, und steht seitdem den Bürgern Birminghams als Kunstmuseum und Konzertsaal zur Verfügung.

Die **Gemäldesammlung** ist im ersten Stockwerk des Instituts untergebracht, wo Werke europäischer Meister aus dem 13. bis zum 20. Jahrhundert zu sehen sind. Zu den Highlights gehören die Malereien von Künstlern wie Boticelli, Rubens, Picasso und van Gogh, aber auch Meisterwerke der berühmtesten britischen Maler wie Turner, Gainsborough, Beardsley und Whistler sind hier zu sehen. Außer für die Gemälde ist das Barber

Institute für seine **Münzsammlung** mit wertvollen Ausstellungsstücken aus der byzantinischen und römischen Zeit und die hoch angesehenen Wechselausstellungen bekannt.

Im Erdgeschoss des Museums findet sich außerdem eine schöne, im Art-déco-Stil gebaute **Konzerthalle,** in der regelmäßig Musikaufführungen stattfinden.

› University of Birmingham, Ring Road North, B152TS, www.barber.org.uk, Mo.–Fr. 10–17, Sa./So. 11–17 Uhr, Eintritt frei

㉚ The Lapworth Museum of Geology ★★ [bj]

Das Lapworth ist ein kleines, aber hochinteressantes Museum, in dem die Entstehung und Entwicklung der Erde eindrucksvoll an Hand von Steinen, Fossilien und Mineralien dargestellt wird.

Das Museum, das nach **Charles Lapworth,** einem der wichtigsten Geologen des späten 19. Jahrhunderts benannt ist, ist bereits seit 1880 an dieser Ecke der Universität von Birmingham zu finden. Nachdem das kleine Museum jahrzehntelang vor sich hindümpelte, wurde es 2016 nach einem 2,7 Millionen Pfund teuren Umbau wiedereröffnet und schaffte es gleich 2017 auf die Shortlist für den Art Fund, einen der höchst dotierten Museumspreise der Welt.

Zur Sammlung des Lapworth gehören **über 250.000 Fundstücke,** von denen die interessantesten in anschaulichen Vitrinen ausgestellt sind. Zu den Highlights gehört eine fünf Meter hohe **Wand mit 130 verschiedenen Gesteinsarten,** die beeindruckend die Schönheit und Vielfalt der Steine auf Erden darstellen. Auch sehr sehenswert ist die Sammlung an

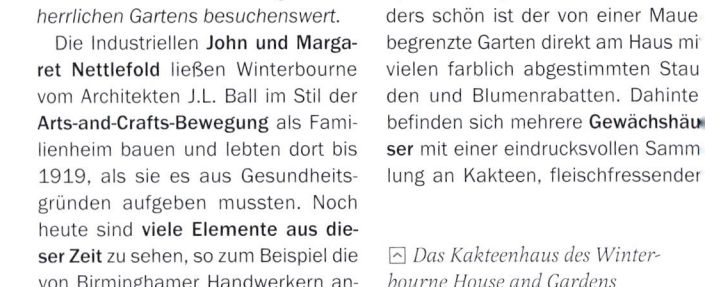

fluoreszierenden **Mineralien**, die unter ultraviolettem Licht in den herrlichsten Farben schimmern, und die zarten **Versteinerungen** von Pflanzen und Tieren, die vor Millionen von Jahren in den Korallenriffen lebten, unter denen die Region Birminghams damals verborgen lag.

› University of Birmingham, Aston Webb Building, Ring Road South, B15 2TT, www.birmingham.ac.uk/lapworth-museum, Mo.–Fr. 10–17, Sa./So. 12–17 Uhr, Eintritt frei

㉛ Winterbourne House and Gardens ★★ [bj]

Die idyllisch gelegene Villa aus dem Jahr 1904 ist besonders wegen ihres herrlichen Gartens besuchenswert.

Die Industriellen **John und Margaret Nettlefold** ließen Winterbourne vom Architekten J.L. Ball im Stil der **Arts-and-Crafts-Bewegung** als Familienheim bauen und lebten dort bis 1919, als sie es aus Gesundheitsgründen aufgeben mussten. Noch heute sind **viele Elemente aus dieser Zeit** zu sehen, so zum Beispiel die von Birminghamer Handwerkern angefertigten Möbel, die William-Morris-Tapeten und etliche Kinderspiele, Zeitschriften sowie Familienfotos der Nettlefolds. Auch mehrere **Druckmaschinen** aus dem 19. Jahrhundert, die jeden Freitag vorgeführt werden und deren Erzeugnisse im Souvenirshop erhältlich sind, gibt es zu bestaunen.

Aber das Highlight von Winterbourne sind ohne Frage **die fast drei Hektar umfassenden Gärten**, die heute genauso wie das Haus zur Universität von Birmingham gehören. Angelegt wurden sie von Margaret Nettlefold selbst, die sich bei dem Design durch die Bücher der englischen Landschaftsgärtnerin Gertrude Jekyll hatte inspirieren lassen. Besonders schön ist der von einer Mauer begrenzte Garten direkt am Haus mit vielen farblich abgestimmten Stauden und Blumenrabatten. Dahinter befinden sich mehrere **Gewächshäuser** mit einer eindrucksvollen Sammlung an Kakteen, fleischfressenden

⌂ *Das Kakteenhaus des Winterbourne House and Gardens*

Pflanzen und anderen Exoten. Östlich an den formellen Gartenteil schließt sich ein **sumpfiges Waldgebiet** an, in dem die großen Blätter des aus Brasilien stammenden Riesen-Rhababers wuchern. Eine hübsche **japanische Brücke** verstärkt die exotische Wirkung. Besucher haben auch Zugang zum **Edgbaston Pool**, einem malerischen See, an dessen Ufer seltene Vogelarten wie Nachtigallen und Ziegenmelker zu finden sind.

Am üppigsten blühen die Gärten um den Mai und Juni herum und dann wieder im Herbst, aber selbst im Winter gibt es für Naturfans einiges zu sehen. Zu dem Haus gehören ein empfehlenswertes Café, ein Souvenirshop und ein Secondhand-Bücherladen. Kinder können auf einem Spielplatz aus Naturmaterialien toben.

❯ University of Birmingham, 58 Edgbaston Park Road, B152RT, www.winterbourne. org.uk, Apr.–Okt. Mo.–Fr. 10–17.30, Sa./So. 11–17.30 Uhr, Nov.–März Mo.–Fr. 10–16, Sa./So. 11–16 Uhr, Erw. £6, Kinder £5, Familien £18

㉜ Birmingham Wildlife Conservation Park ★★ [cj]

In dem kleinen Tierpark am Rand des Cannon Hill Park gibt es etliche Affenarten, Kleine Pandas, Meerkatzen und vieles mehr zu sehen.

Der Wildlife Conservation Park ist einiges kleiner als ein gewöhnlicher Zoo, aber trotzdem gibt es eine große Zahl an Tieren zu sehen, von europäischen Säugetieren wie dem **Luchs** über **Wallabys** aus Australien bis zu **Lemuren** aus Madagaskar. Stars des Tierparks sind die **Kleinen Pandas**, die im Himalaya zu Hause sind. Wegen ihres langen Schwanzes und des flauschigen roten Fells

sind sie auch als Katzenbären oder Feuerfüchse bekannt. Zu den vielen **Affenarten**, die in den Gehegen herumturnen, gehören Klammeraffen, Totenkopfäffchen und gescheckte Tamarine. Aber auch kleine **Reptilien- und Insektenhäuser** gibt es zu entdecken und **Riesenschildkröten**, einige **Vogelarten** wie Weißnackenkraniche und Ibisse sowie ein nettes Paar von Hängebauchschweinen.

Der Tierpark trägt durch sein Zuchtprogramm von seltenen Tieren wie den Kleinen Pandas zum Artenschutz bei.

Außer den Gehegen gibt es einen **Abenteuerspielplatz**, viele Picknickplätze und ein kleines Café im kleinen Spielareal für Kleinkinder. Junge Besucher können außerdem am „Wildlife Park Challenge" teilnehmen, einer spannenden Schatzjagd durch den Park.

❯ Pershore Road, B57RL, www.birming ham.gov.uk/naturecentre, Apr.–Okt. tägl. 10–17 Uhr (letzter Einlass 16 Uhr), Nov.–März tägl. 10–16 Uhr (letzter Einlass 15 Uhr), Erw. £6,25, Kinder 3–15 Jahre £3,30, Kinder unter 3 Eintritt frei. Anfahrt: Buslinien 45 und 47 bis Nature Centre.

㉝ mac ★ [cj]

Das Kulturzentrum Birminghams ist schön am Rand des Cannon Hill Park gelegen und bietet für alle Geschmäcker etwas – von Kunstausstellungen und Tanz- und Theateraufführungen bis zu Filmvorführungen und Comedy.

Das **Midland Art Centre** ist eines der größten Kulturzentren der Region und kann sich jedes Jahr über einer Million Gäste rühmen. Vor einem Besuch in Birmingham lohnt es sich, einen Blick auf das Onlineprogrammheft zu werfen: Spannende **Aufführungen, Workshops, Lesungen, Konzerte** und **Ausstellungen** sind hier an der Tagesordnung. Aber auch bei einem Spontanbesuch geht man meist nicht leer aus. In den schönen Räumen im ersten und zweiten Stockwerk finden regelmäßig hochkarätige Ausstellungen von international bedeutenden Künstlern statt. Zudem gibt es im zugehörigen Laden Kunstbücher, Geschenke und Postkarten zu kaufen und das Bridges Café verkauft gutes Bio-Essen und Fairtrade-Kaffee. Jeden Sonntagabend findet von 17 bis 21 Uhr die kostenlose **Sunday Activity Night** mit verschiedenen Veranstaltungen für Erwachsene statt. Manchmal sind es Spielabende, manchmal Bastelevents oder gemeinsames Malen. Jeweils am ersten Freitag im Monat treten außerdem bei den **Free Music Fridays** die besten neuen Bands und Musiker aus Birmingham kostenlos in der Bar auf.

› Cannon Hill Park, Queen's Ride, Edgbaston, B129QH, www.macbirmingham. co.uk, tägl. 9–21.45 Uhr. Anfahrt: Buslinien 45 und 47 vom New Street Interchange bis South Drive.

Ein Nachmittag beim Cricket

Englischer geht es einfach nicht: gepflegte Rasenflächen, weißgekleidete Männer, die mit Holzstöcken einen Lederball über das Feld schlagen, Zuschauer, die am Rand des Feldes ein Picknick oder auch mal ein Nickerchen machen. **Cricket,** die nobelste aller Ballsportarten, wie sie oft genannt wird, ist in England und anderen Ländern des Commonwealth Nationalsport. Besonders die Oberschicht liebt dieses Spiel, das sich über drei bis fünf Tage hinzieht und jeweils in drei etwa zweistündige Abschnitte pro Tag eingeteilt wird und bei dem Geduld, Fair Play und gute Taktik ganz oben stehen.

Der **Edgbaston Cricket Ground** ist einer der berühmtesten Cricketplätze Großbritanniens und oft Austragungsort für Spiele der englischen Nationalmannschaft. Hier ein Spiel mitzuerleben, ist selbst für Zuschauer, die die komplizierten Regeln nicht ganz durchschauen, ein unvergessliches Erlebnis. Für Besucher, die nur eine kurze Zeit in Birmingham verbringen, ist besonders die moderne Spielversion, das sogenannte **Twenty 20,** interessant, da die Spiele bei dieser Variante des Cricket nur rund drei Stunden dauern. Tickets für Spiele der lokalen Mannschaft, die **Birmingham Bears,** kosten etwa £ 19 und sind online im Vorverkauf erhältlich.

S3 [cj] **Edgbaston Cricket Ground,** Edgbaston Road, B57QU, www.edgbaston. com. Die Buslinien 45 und 47 halten direkt vor dem Stadion.

031

Entdeckungen außerhalb des Zentrums

Um sich ein komplettes Bild von Birmingham machen zu können, sollte man auch einige der außerhalb liegenden Ziele aufsuchen. Da die Stadt von mehreren Regionalbahnen durchkreuzt wird, sind die meisten der hier aufgelisteten Ziele schnell vom Hauptbahnhof aus zu erreichen.

34 Soho House ★★ [bf]

Hier wurde die Industrielle Revolution eingeleitet: Im früheren Heim des Industriellen Matthew Boulton trafen sich im 18. Jahrhundert die wichtigsten Denker Birminghams.

Matthew Boulton, einer der führenden Industriellen seiner Zeit, wohnte von 1766 bis zu seinem Tod 1809 im Soho House. Damals befand sich das Herrenhaus gleich neben Boultons Fabrik **Soho Manufacturing,** in der zum ersten Mal in der Weltgeschichte Maschinen konsequent für die Massenanfertigung von Produkten eingesetzt wurden. Aber die Fabrik sollte auch aus einem anderen Grund berühmt werden: Boulton führte als erster Industrieller **Sozialgelder für seine Angestellten** ein, ließ ihnen auf dem Gelände Wohnhäuser bauen und schränkte die damals übliche Kinderarbeit ein.

Boulton war auch ein Mitbegründer der **Lunar Society** (s. S. 25) und so trafen sich hier regelmäßig die größten Denker der Stadt, um sich über ihre neusten Erkenntnisse auszutauschen. Boulton selbst war ein **begeisterter Erfinder** und installierte im Soho House eine einfache Zentralheizung und eine Klospülung, womit er seinen Landsleuten um etliche Jahrzehnte voraus war. Obwohl das Haus seit Boultons Tod viele verschiedene Besitzer hatte und sogar zwischendurch als Polizeikaserne diente, sind heute noch viele Originalmöbel, Gemälde und Dekorationen aus dem 18. Jahrhundert zu sehen. Bei den anschaulichen **Führungen** erfahren Besucher viel über Boultons Leben, seinen Beitrag zur Industriellen Revolution und zur Aufklärung sowie über die Lunar Society.

❯ 5 Soho Avenue, Handsworth, B185LB, Tel. 3488150, www.birminghammuseums.org/soho, Mi./Do. und jeweils am 1. Sonntag im Monat 11–16 Uhr, Eintritt zum Besucherzentrum, Café und Garten kostenlos, Besuch des Hauses nur mit Führung jeweils um 11.30, 13 und 14.30 Uhr, Erw. £ 7, Kinder 3–15 Jahre £ 3

❯ **Anfahrt:** mit der Metro bis zur Haltestelle Soho Benson Road, von wo aus man das Haus zu Fuß in 10 Minuten erreicht. Von der Metrohaltestelle biegt man rechts in die Benson Street ein und folgt dieser den Berg hoch bis zur Kirche St Michael's, vor der rechts die Soho Avenue abzweigt.

35 Aston Hall ★★★ [df]

Das imposante Herrenhaus ist ein großartiges Beispiel der jakobinischen Architektur des 17. Jahrhunderts.

Sir Thomas Holte, der die Aston Hall zwischen 1618 und 1635 erbauen ließ, stammte aus einer reichen Familie aus der Grafschaft Warwickshire. Das prunkvolle Herrenhaus mit den kunstvollen, symmetrischen Gärten ließ er bauen, um seinen Status als einer der reichsten und einflussreichsten Männer der Region zu behaupten. Tatsächlich wirkt die Aston Hall noch heute wie ein kleiner Königspalast. Während des Englischen Bürgerkriegs übernachtete König Charles I. hier auf seinem Weg nach London und im Jahr 1643 wurde das Haus von Anhängern des Parlaments belagert und stark beschädigt. Noch heute sind die Einschläge der Kanonenkugeln in einer der Treppen sichtbar.

Außer für seinen Reichtum soll Sir Thomas Holte vor allem für seine Wutausbrüche berühmt gewesen sein. Eine seiner Töchter ließ er angeblich, nachdem sie sich geweigert hatte, den für sie auserkorenen Mann zu heiraten, in einem Verließ verhungern. Ihre Seele soll noch heute durch die alten Gemächer geistern. Und sie ist nicht die einzige **Gespenst der Aston Hall:** Auch eine „Green Lady", eine Dame in einem altertümlichen grünen Gewand, soll immer mal wieder in der Great Hall und im Haushälterinnenzimmer gesichtet werden. Das Haus blieb bis 1817 im Besitz der Familie Holte und wurde dann von James Watt Jr., dem Sohn des großen Industriellen James Watt, aufgekauft.

Empfehlenswert ist es, sich bei der Hausbesichtigung einer **Führung anzuschließen,** bei der man viel über das jakobinische Zeitalter, das Leben der Bewohner, die Innenausstattung und die Architektur erfährt, genau wie über die Sagen und Legenden, die sich um die Aston Hall weben.

❯ Trinity Road, Aston, B66JD, www. birminghammuseums.org.uk/aston, Di.–So. 11–16 Uhr, Achtung: Während der Heimspiele von Aston Villa ist Aston Hall geschlossen. Eintritt zu den Gärten und zum Café kostenlos, Eintritt zum Haus Erw. £8, Kinder £3, die Führungen sind im Eintrittspreis eingeschlossen. Unter der Woche sind Besichtigungen des Hauses nur mit Führung jeweils um 11.30, 13 und 14.30 Uhr möglich, an Wochenenden auch ohne Führung.

❯ **Anfahrt:** mit dem Zug vom Gleis 12 des Bahnhofs New Street bis Aston oder Witton (Fahrtdauer rund 10 Minuten), von wo aus man die Aston Hall in etwa 15 Minuten zu Fuß erreicht. Der Weg zum Fußballstadion Villa Park, das sich gegenüber der Aston Hall befindet, ist ausgeschildert.

36 Villa Park ★★ [df]

Das Stadion des Traditionsvereins Aston Villa FC gehört zu den ältesten Fußballarenen Englands.

Der **Aston Villa Football Club** wurde bereits 1874 von Mitgliedern der methodistischen Villa-Cross-Kirche gegründet, um sich im Winter, wenn sie nicht Cricket spielen konnten, fit zu halten. Aston Villa ist aber nicht nur einer der ältesten Fußballklubs Englands, sondern auch einer der erfolgreichsten: Siebenmal wurden sie englischer Meister, siebenmal gewannen sie den englischen Pokal, fünfmal den englischen Ligapokal und einmal den Europapokal der Landesmeister. Eine Bilanz, die nur wenige Vereine in England überbieten können, auch wenn die meisten Erfolge schon länger zurückliegen und der Verein momentan nur in der zweithöchsten Klasse Englands spielt.

Auch das **Heimstadion Villa Park** hat eine lange Geschichte. 1897 spielte Aston Villa hier zum ersten Mal gegen die Blackburn Rovers, zwei Jahre später fand im Villa Park das erste Länderspiel statt, das in Birmingham ausgetragen wurde. England gewann damals 2:1 gegen Schottland.

Bei einer Stadiontour können Besucher in die Fußstapfen der großen Villa-Helden wie Paul McGrath oder Dwight Yorke treten und von der Umkleidekabine aus den Rasen betreten, auf der Trainerbank Platz nehmen und ein Foto mit dem Pokal der Landesmeister knipsen.

◁ In den alten Gemäuern der Aston Hall 35 soll das eine oder andere Gespenst umgehen

❯ Trinity Road, Aston, B66HE, Tel. 03333231874, www.avfc.co.uk, Erw. £ 15, Kinder und Jugendliche £ 10. Führungen finden außer an Spieltagen dreimal tägl. jeweils um 10.30, 13 und 15 Uhr statt und müssen online oder telefonisch vorgebucht werden.

❯ **Anfahrt:** mit dem Zug vom Gleis 12 des Bahnhofs New Street bis Aston oder Witton (Fahrtdauer rund 10 Minuten), von wo aus man das Stadion in etwa 15 Minuten zu Fuß erreicht. Der Weg ist ausgeschildert.

37 Blakesley Hall ★

So lebte man zu Zeiten der Tudors: In dem schönen Fachwerkhaus aus dem Jahr 1590 sind viele Details aus der damaligen Zeit erhalten geblieben.

Sie zählt zu den ältesten Gebäuden Birminghams: Die Blakesley Hall stammt aus der Zeit Shakespeares und ist ein typisches Beispiel der damaligen **Fachwerkarchitektur**. Das Haus wurde 1590 von einem Mann namens Richard Smalbroke errichtet, dessen Familie hier von der Landwirtschaft lebte. Überreste eines noch älteren Hauses, dem Heim von Smalbrokes Vater, wurden östlich der Hall gefunden. Vermutlich stammen einige der Balken im Dach der Blakesley Hall, die teilweise auf das 13. Jahrhundert zurückgehen, aus diesem früheren Haus.

Die letzten Bewohner der Blakesley Hall zogen 1932 aus und versteigerten die meisten der uralten Möbel. Einige Gegenstände wie z. B. der lange Tisch im Esszimmer aus dem Jahr 1620 konnten aber 1976 wieder ausfindig gemacht werden und wurden durch den Verkauf vielleicht sogar vor der Zerstörung gerettet: Bei einem **Bombenangriff im Zweiten Weltkrieg** wurde das Haus nämlich stark beschädigt. Bei diesem Bombenangriff wurden allerdings auch die originalen **Wandgemälde** von 1590 freigelegt, die unter jahrhundertealten Schichten von Farbe und Tapeten versteckt gewesen waren. Sie wurden restauriert und können heute wieder von Besuchern bewundert werden. Auch die urigen **Holzböden** aus dem 16. Jahrhundert konnten gerettet werden. Das Herrenhaus ging 1935 in den Besitz der Stadt Birmingham über und wurde nach dem Wiederaufbau als Museum eröffnet.

Zum Haus gehört ein schöner **Obst- und Kräutergarten**, der einem typischen Garten im 16. Jahrhundert nachempfunden ist, sowie ein Besucherzentrum und ein Café.

❯ Blakesley Road, Yardley, B258RN, www. birminghammuseums.org.uk/blakesley, Di.–So. 11–16 Uhr, Erw. £7, Kinder £3, der Zugang zum Besucherzentrum und zu den Gärten ist kostenlos

❯ **Anfahrt:** mit Buslinie 97 bis Stuarts Road bzw. mit der Bahn bis Stechford, von wo aus es rund 1,5 km bis zum Museum sind

🟥 38 Balti Triangle ★ [di]

Ein Paradies für Curry-Fans: Durch die Straßen des Balti Triangle zieht abends der unwiderstehliche Geruch von würzigen Speisen.

In einem Dreieck, das in etwa durch die Straßen Stratford Road, Ladypool Road und Wake Green Road begrenzt wird, findet man eine so hohe Konzentration an indischen Restaurants, dass die Gegend südöstlich des Stadtzentrums jede Woche über 20.000 hungrige Besucher auf der Suche nach dem besten Balti Birminghams anlockt. Das **Balti-Gericht** stammt keineswegs aus Indien, sondern soll in den 1970er-Jahren von

pakistanischen Einwanderern in Birmingham erfunden worden sein. Balti bedeutet sowohl auf Hindi als auch Urdu so viel wie „Eimer" und leitet sich vermutlich von den großen Pfannen ab, in denen die Balti-Gerichte traditionell gekocht werden. Anders als andere Currys, die oft stundenlang bei niedriger Temperatur vor sich hinköcheln, werden Balti-Gerichte ähnlich wie chinesische Wok-Gerichte nur kurz unter großer Hitze angebraten. Dazu isst man große, flache Naan-Brote, die am Tisch geteilt werden.

Der Vorort **Sparkhill** war schon in den 1950er-Jahren dank seiner damals billigen Immobilienpreise ein beliebter Wohnort für Einwanderer, erst aus Irland und dann später vor allem aus Pakistan, Indien und Bangladesch. Heute findet man hier neben den vielen Balti-Restaurants auch etliche **Modegeschäfte**, die Kleidung verkaufen wie bunte Saris oder Shalwars, die weiten Hosen, die auf dem indischen Subkontinent gern getragen werden.

❯ **Anfahrt:** Buslinien 5, 37 oder 50

🟥 39 Sarehole Mill ★★ [ek]

In der historischen Wassermühle, die in seiner Kindheit zu den Lieblingsorten des Autors J.R.R. Tolkien gehörte, kann man noch heute zuschauen, wie Weizen gemahlen wird.

Als die **Mühle** vor über 250 Jahren zuerst in Betrieb genommen wurde, war das heutige Sarehole ein kleines Dörfchen weit entfernt von den Schornsteinen Birminghams. Aber auch wenn die Vororte sich heute längst bis Sarehole ausgedehnt haben, liegt die Mill mit ihrem großen Mühlteich noch immer sehr schön in dem großen **Shire Country Park** mit altem Baumbestand, wo sich sei der Kindheit **Tolkiens** nicht viel geändert haben dürfte. Der Autor des „Herr der Ringe" wohnte von 1896 bis 1902 gleich um die Ecke und die Mühle und ihre Umgebung dienten als Inspiration für Hobbingen und das Auenland.

Sofern der Wasserstand im Mühlteich hoch genug ist, wird in der Mühle noch heute jeden Mittwoch und Sonntag Weizen gemahlen, den man anschließend im Museumsladen kaufen kann. Bei den im Eintrittspreis eingeschlossenen **Führungen** erfahren Besucher viel über den Mühlebetrieb, die Leute, die hier früher arbeiteten und Tolkiens Beziehung zur Sarehole Mill. Zum Museum gehört ein **Café** mit schönen Sitzgelegenheiten auf dem Vorhof.

❯ Cole Bank Road, B130BD, www. birminghammuseums.org/sarehole, Apr.–Okt. Mi.–So. 11–16 Uhr, Nov.–März Mi./Do. und jeweils der 1. So. im Monat 11–16 Uhr, Erw. £ 6, Kinder £ 3, Familien 16–£ 18,20, Besuch der Gärten kostenlos

❯ **Anfahrt:** mit Buslinie 5, 11a, 11c bis Sarehole Mill oder mit dem Zug von Birmingham Moor Street bis Hall Green Station, von wo aus man die Mühle in ca. 15 Minuten zu Fuß erreicht (Weg nicht ausgeschildert)

⓸⓪ Cadbury World ★★ [bk]

Interaktive Displays und spannende Vorführungen machen einen Besuch des Schokoladenmuseums besonders für Kinder zu einem abwechslungsreichen Erlebnis.

An den Schoko-Produkten des Familienbetriebs Cadbury erfreuen sich englische Kinder und Erwachsene schon seit 1824, als **John Cadbury** die Firma in Birmingham gründete. Zwar ist sie seit 2010 nicht mehr in

---

KLEINE PAUSE

The Hungry Hobb

„Vor Antritt einer Reise brauche ich meine sechs Eier mit Schinken", erklärt der Zwerg Thorin Eichenschild am Beginn des Romans „Der Hobbit", „gebraten, nicht gekocht." Eier, Schinken, Pommes und Würstchen bekommen auch hungrige Tolkien-Fans in diesem bodenständigen Café gleich neben der Sarehole Mill, vielleicht als Stärkung vor einem Ausflug in das nahe Waldgebiet Moseley Bog (s. S. 108). Nach einem Streit mit Tolkiens Nachlassverwaltung heißt das Café mittlerweile offiziell The Hungry Hobb, aber die Einheimischen bleiben auf sture Hobbit-Art weiter beim alten Namen: „Hungry Hobbit".

❍**4** [ek] **The Hungry Hobb,** 312 Wake Green Road, B130BN, Mo.–Fr. 8–15, Sa. 9–15, So. 9–14 Uhr

Das verborgene Gartencafé

Paul und Denise Leverton führen diesen wunderbaren **Feinkostladen** mit Bioprodukten aus der Region, dessen kleines Café im Hinterraum des Geschäfts schnell zum Liebling der Gourmetfans Bournvilles geworden ist. Für wenig Geld kann man hier gut und gesund essen, bei gutem Wetter auch im schönen Garten.

❍**5** Leverton and Halls, 218 Mary Vale Road, Bournville, B301PJ, www.levertonandhalls.com, Mo. 8.30–15, Di.–Do. 8.30–15.30, Fr. 8–17, Sa. 8–16, So. 10–14 Uhr, WLAN

---

der Hand der Familie Cadbury, dennoch gilt der Betrieb noch immer als der **zweitgrößte Süßigkeitenproduzent der Welt.**

Bournville, das Musterdorf der Familie Cadbury

Hübsche Reihenhäuser mit blühenden Gärten, ein See mit Ruderbooten, überall Grün: Der Vorort Bournville gilt noch heute als eine der beliebtesten Wohngegenden Birminghams.

Seinen Anfang nahm Bournville in 1893, als die Unternehmer George und Richard Cadbury ihre berühmte Schokoladenfabrik von der Innenstadt auf das Land verlegten, um mehr Platz für ihre Firma zu haben und ihren Traum von einer „Factory in the Garden", einer Gartenfabrik also, zu verwirklichen.

Während die meisten Fabrikarbeiter zu dieser Zeit in menschenunwürdigen Slums mit niedriger Lebenserwartung wohnten, lagen den Quäkern George und Richard Cadbury sehr am Wohl ihrer Angestellten und sie entwarfen ein Musterdorf, das für die damaligen Verhältnisse hervorragende Lebensbedingungen für die Arbeiter schaffen sollte. Den Namen des Dorfes setzten die Cadburys aus dem Namen des Flüsschens Bourn und der französischen Bezeichnung für Stadt zusammen. Anders als die Arbeiterhäuser im Zentrum von Birmingham, wo Kinder oft kaum das Sonnenlicht sahen und an Krankheiten wie Rachitis litten, hatten die Häuser in Bournville allesamt große Gärten für die Gemüsezucht und lagen in der Nähe von Parkgeländen, wo die Cadburys Fußball- und Hockeyfelder anlegen ließen, um ihre Arbeiter zur Bewegung im Freien anzuregen. Auch ein Hallen- und Freibad ließen sie bauen sowie Schulen und Gemeindehallen.

Aber nicht nur das: Um 1900 führten sie medizinische Hilfe für ihre Arbeiter ein und bald darauf auch eine Rentenversicherung, Feiertage und sogar ein Arbeitergremium. Dem utopischen Bournville fehlte eigentlich nur eines: Die Abstinenzler George und Richard Cadbury waren strikt gegen jeden Alkoholkonsum und so ist Bournville noch heute einer der wenigen Orte in Großbritannien, wo man weit und breit keinen Pub findet.

Schon auf dem Weg vom Bahnhof Bournville zum Museum, der am großen Fabrikgelände des Cadbury-Konzerns vorbeiführt, steigt einem immer wieder der unwiderstehliche Geruch von Kakao und geschmolzener Schokolade in die Nase. Im Museum angekommen, werden Besucher dann schon im Eingangsbereich mit einer leckeren Kostprobe begrüßt und später darf man sich sogar an einer eigenen Schokoladenkreation versuchen.

Die Cadbury World ist in **vierzehn unterschiedliche Bereiche** unterteilt, in denen man viel über die Geschichte der Familie Cadbury und deren Schokolade sowie die Herstellung der verschiedenen Süßigkeiten erfährt. Die Zonen reichen vom Aztec Jungle, wo man etwas über die Bedeutung der Kakaobohne in Südamerika erfährt, über das Chocolate Wonderland, das man bei einer Fahrt mit einer Minibahn erkundet, bis zur Bull Street, einer Nachbildung des Originalladens der Familie Cadbury aus dem Jahr 1824. Auch dürfen Besucher den Chocolatiers bei der Arbeit zusehen und können ihre handgefertigten Produkte im großen Cadbury-Geschäft am Ausgang des Museums auch kaufen.

> Linden Road, Bournville, B30 1JR, www.cadburyworld.co.uk, Öffnungszeiten richten sich nach der Jahreszeit und sind auf der Website einsehbar, meist Mo.–Fr. 10–15, Sa./So. 9.30–16 Uhr, Erw. £16,75, Kinder 4–15 Jahre £12,30, Familien £49,96

> **Anfahrt:** mit dem Zug vom Gleis 12 des Bahnhofs New Street bis Bournville (Fahrtzeit 12 Minuten), von wo aus ein gut ausgeschilderter, etwa zehnminütiger Fußweg zum Museum führt.

41 Selly Manor Museum ★★ [bk]

Wie aus einem Bilderbuch sieht dieses Fachwerkhaus aus dem 14. Jahrhundert aus, in dem Besucher die uralten Eichenmöbel, Kostüme und Ritterrüstungen aus der Tudor-Zeit bestaunen können.

Urkunden belegen, dass Selly Manor mindestens auf das Jahr 1327 zurückgeht, als eine Familie Jouette, die als Steuereintreiber angestellt war, hier wohnte. Das Haus stand ursprünglich im Dörfchen Bournbrook, doch als **George Cadbury** es 1906 in sehr verfallenem Zustand kaufte, ließ er es in mühevoller Kleinarbeit Stück für Stück in sein Musterdorf Bournville verlegen, wo es 1916 als Museum eröffnet wurde. 1932 kaufte Cadbury außerdem das ebenso verfallene Minworth Greaves, ein Häuschen aus dem 13. Jahrhundert, das ursprünglich bei Sutton Coldfield nördlich von Birmingham gestanden hatte, und ließ es neben Selly Manor wiederaufbauen.

Beide Häuser stehen noch heute für Besucher offen. Im **Selly Manor** gelangt man durch eine schwere Eichentür in die Eingangshalle, das Esszimmer und die Küche, wo man alte Kochgeräte aus der Tudor-Zeit bestaunen kann. Im Obergeschoss befinden sich das Schlafzimmer mit einem Himmelbett aus dem 17. Jahrhundert und anderen urigen Möbeln sowie die Dachkammern, wo Kinder Ritterrüstungen und Kostüme aus der Tudor-Zeit anprobieren können. **Minworth Greaves** besteht lediglich aus einer großen Halle, wo man heute die Eintrittskarten bekommt und Kinder Spielzeug aus dem Mittelalter ausprobieren können. Die Häuser sind von einem **hübschen Garten** mit Obstbäumen und Staudenrabatten umgeben.

> Marple Road, Bournville, B30 2AE, www.sellymanormuseum.org.uk, Di.–Fr. 10–17 Uhr, Ostern–Ende Sept. außerdem Sa./So. 14–17 Uhr, Erw. £4, Kinder £2

> **Anfahrt:** mit dem Zug vom Gleis 12 des Bahnhofs New Street bis Bournville (Fahrtzeit 12 Minuten), von dort folgt man dem gut ausgeschilderten Weg bis zur Cadbury World, von wo aus man das Museum in fünf Minuten erreicht

> *Fachwerkidylle im Vorort Bournville: das Selly Manor Museum*

🟥42 National Motorcycle Museum ★

Hier kommen Motorrad-Enthusiasten voll auf ihre Kosten. In dem Museum im Vorort Solihull findet man die weltweit größte Sammlung an britischen Motorrädern.

In der ersten Hälfte des 20. Jahrhunderts gehörten britische Motorradmarken wie **Norton, Brough Superior** und **Triumph** zu den beliebtesten Motorrädern der ganzen Welt. Die Maschinen von Triumph wurden dank Hollywood-Filmen wie „Der Wilde" mit Marlon Brando in den 1950er-Jahren zum Inbegriff von Rebellion und Coolness. Erst Ende der 1960er-Jahre kam die britische Motorradindustrie durch die Konkurrenz aus Deutschland, Italien und Japan fast zum Erliegen und die herrlichen alten Modelle wurden zu begehrten Sammlerobjekten.

Im National Motorcycle Museum wird die Erinnerung an die „Goldenen Jahre" der britischen Motorradindustrie bewahrt: Auf über fünf große Hallen verteilt können Besucher **hier fast 1000 Motorräder** von über 170 britischen Herstellern sehen und fotografieren.

Das älteste Modell stammt aus dem Jahr 1898, das wertvollste ist aber das **Brough Superior Golden Dream**, das als Show-Modell für die Olympischen Spiele 1938 von George Brough selbst gebaut wurde. Zum Museum gehören ein Souvenirladen und ein Café.

> Coventry Road, Solihull, B920EJ, www. nationalmotorcyclemuseum.co.uk, Mo.– So. 8.30–17.30 Uhr Erw. £9,95, Kinder £7,95, Familien £25,95
> **Anreise:** kurze Taxifahrt vom Bahnhof Birmingham International. Mit öffentlichen Verkehrsmitteln nicht erreichbar.

Entdeckungen in der Umgebung

Der Großraum Birmingham grenzt an die Grafschaften Warwickshire, Staffordshire und Worcestershire, die trotz ihrer malerischen Orte und Landschaften zu den unbekannteren Regionen Englands zählen. Und doch finden sich hier gleich mehrere Sehenswürdigkeiten von Weltrang wie Shakespeares Heimatort **Stratford-upon-Avon** 🟥43 oder die imposante Burg **Warwick Castle** 🟥44, die von Birmingham aus in weniger als einer Stunde zu erreichen sind.

🟥43 Stratford-upon-Avon ★★★

Geburtsort und geliebte Heimat des größten englischen Dichters aller Zeiten: In Stratford dreht sich alles um Shakespeare, aber auch für diejenigen, die kein Interesse am großen Barden haben, gibt es viel zu sehen.

Der malerische Ort Stratford ist auch ohne seine literarische Bedeutung einen Besuch wert. In den **mittelalterlichen Sträßchen** reiht sich ein **Fachwerkhaus** an das nächste, **urige Pubs** laden zum Verweilen ein und die Wiesen am Ufer des träge dahinfließenden Flusses Avon scheinen wie gemacht für ein kleines Picknick. Die Hauptattraktion des Ortes ist aber zweifellos **Shakespeare's Birthplace** in der Henley Street, in dem der Dichter 1564 geboren wurde. Viel

> *Anne Hathaway's Cottage, das Geburtshaus von Shakespeares Frau*

gibt es in dem kleinen Gebäude mit dem knarrenden Boden und niedrigen Decken nicht zu sehen und doch lohnt sich ein Besuch, um sich das Leben im Stratford des 16. Jahrhunderts vor Augen zu führen und einmal mit eigenen Augen das Zimmer zu sehen, in dem der Autor vermutlich zur Welt kam.

New Place, das Haus, das Shakespeare bezog, nachdem er sich durch seine Dichtungen bereits einen Namen gemacht hatte, wurde leider im 18. Jahrhundert abgerissen, doch an seiner Stelle können Besucher nun einen schönen **Skulpturgarten** besichtigen.

Das malerischste der Shakespeare-Häuser in Stratford ist sicherlich **Anne Hathaway's Cottage**, das Geburtshaus seiner Frau. Knapp außerhalb des Ortes gelegen, begeistert das schöne Reetdachhaus vor allem durch seinen idyllischen Garten. Auch **Hall's Croft**, das Haus von Shakespeares Tochter Susanna, hat einen schönen Garten vorzuweisen, während **Mary Arden's Farm**, der Bauernhof, auf dem Shakespeares Mutter aufwuchs, das Landleben in der Tudor-Zeit lebendig macht. Zum Abschluss jeder Shakespeare-Wallfahrt gehört ein Besuch der **Holy Trinity Church**, wo der Barde und seine Familie begraben liegen.

Wer genug Zeit für einen Theaterbesuch hat, dem ist unbedingt zu empfehlen, sich rechtzeitig um Tickets für Aufführungen der **Royal Shakespeare Company** zu kümmern, die an den meisten Tagen sowohl am frühen Nachmittag als auch am Abend stattfinden. Ob „King Lear" oder „Macbeth" – die Stücke der Theatergesellschaft sind ausnahmslos von Weltrang. Für eine geringe Gebühr kann man tagsüber auch per Aufzug den Turm des Theaters besichtigen, von wo aus man weit über das Umland schaut.

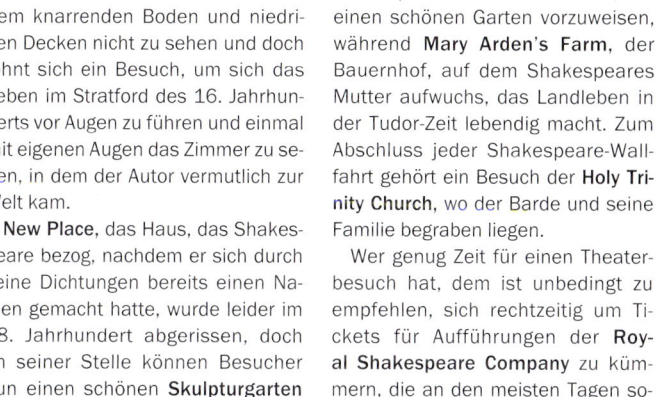

> **Anfahrt:** Vom Birmingham Snow Hill fahren zwei Direktzüge pro Stunde nach Stratford-upon-Avon. Fahrtzeit 40–55 Minuten, Hin- und Rückfahrkarte ab £ 8,10.

6 Stratford Tourist Information Center, Bridgefoot, Stratford-upon-Avon, CV376GW, Tel. 01789264293, www.visitstratforduponavon.co.uk, Mo.–Sa. 9–17.30, So. 10–16 Uhr

★**7 Anne Hathaway's Cottage,** Cottage Lane, CV379HH, März–Okt. 9–17, Nov.–Feb. 10–16 Uhr, Erw. £ 12,50, Kind £ 8, Familie £ 33. Ermäßigungen bei Onlinebuchung.

★**8 Holy Trinity Church,** Old Town, CV376QW, April–Sept. Mo.–Sa. 9–18, So. 12.30–17, März/Okt. Mo.–Sa. 9–17, So. 12.30–17, Nov.–Feb. Mo.–Sa. 9–16, So. 12.30–17 Uhr, Eintritt frei, Zugang zu Shakespeares Grab £ 3

9 Royal Shakespeare Company, Royal Shakespeare Theatre, Waterside, Stratford-upon-Avon, CV376BB, Tel. 01789403493, www.rsc.org.uk.

10 Shakespeare's Birthplace, Henley Street, CV376QW, März–Okt. 9–17, Nov.–Feb. 10–16 Uhr, Erw. £ 17,50, Kind £ 11,50, Familie £ 46,50. Ermäßigungen bei Onlinebuchung.

> **Shakespeare Birthplace Trust,** www.shakespeare.org.uk. Die Stiftung Shakespeare Birthplace Trust verwaltet fünf verschiedene Museen in Stratford-upon-Avon, die mit Shakespeare in Verbindung stehen. Man kann entweder individuelle Tickets für die einzelnen Häuser kaufen oder gleich Kombitickets, wie z. B. das „Full Story Ticket", das Eintritt zu allen Museen gewährt und für Erw. £ 22,50, für Kinder £ 14,50 und für Familien £ 59,50 kostet.

To drink or not to drink …

Es gibt etliche schöne historische Pubs in Stratford, aber einer der stimmungsvollsten ist ganz ohne Frage der Black Swan am Ufer des Flusses Avon. Abends treffen sich hier oft die Schauspieler der Royal Shakespeare Company, um unter dem Maulbeerbaum auf der schönen Veranda beim Feierabendbier zu klönen. Als einziger britischer Pub trägt der Black Swan offiziell zwei Namen: Amerikanische Soldaten, die während des Zweiten Weltkrieges hier stationiert waren, tauften ihn in Dirty Duck um, und der Name blieb hängen.

11 The Black Swan/The Dirty Duck, Waterside, Stratford-upon-Avon, Warwickshire, CV376BA, www.oldenglishinns.co.uk, tägl. 10–24 Uhr

Der Shakespeare Express

Eine besonders schöne Art, Stratford-upon-Avon zu erreichen, ist mit der historischen Dampfbahn The Shakespeare Express. Die Fahrt von Birmingham aus dauert ca. 70 Minuten und führt durch die malerische Grafschaft Warwickshire mit ihren idyllischen Dörfern, Kanälen und alten Gehöften. Die Bahn verkehrt zwischen Juli und September an jedem Sonntag zweimal pro Tag. Nach der Anfahrt von den Birminghamer Bahnhöfen Snow Hill oder Moor Street bleiben Besuchern etwa 4 Std. 30 Min., um Stratford-upon-Avon zu erkunden, bevor es über eine Alternativroute wieder zurückgeht. Besuchern bleibt also genug Zeit, um sich sowohl Shakespeares Geburtshaus als auch das seiner Frau anzuschauen und sich vielleicht einen leckeren Cream Tea in einem der hübschen Cafés vor Ort zu gönnen. Hin- und Rückfahrt kosten bei Vorausbuchung £ 25, bei Buchung am Reisetag £ 30. Fahrzeiten und weitere Infos sind auf der Website ersichtlich.

> **The Shakespeare Express,** Tel. 7084960, www.shakespeareexpress.com

44 Warwick Castle ★ ★ ★

*Die mittelalterliche Burg thront gran-
dios über einer Biegung des Flusses
Avon. Ritterspiele, Greifvogelflüge
und andere Veranstaltungen machen
einen Besuch zu einem wirklichen
Erlebnis.*

Nachdem die Normannen im 11.
Jahrhundert in England eingefallen
waren, ließ **William the Conqueror**
1068 in Warwick eine hölzerne Burg
bauen, um die Kontrolle über die umliegenden Regionen zu gewinnen. Er
ernannte den normannischen Adligen
Henry de Beaumont zum Burghaupt-
mann und später zum ersten Earl of
Warwick. Bis 1978, als die Burg an
den Unterhaltungskonzern Tussaud
Group verkauft wurde, war die Burg
im Besitz des jeweiligen Grafen von
Warwick. **König Henry II.** baute im
12. Jahrhundert die Holzburg in die
steinerne Festungsanlage um, die
bis heute besteht, wenn sie auch in
den folgenden Jahrhunderten immer
weiter vergrößert wurde. So ließ der
11. Earl of Warwick im 14. Jahrhundert die Caesar- und Guy-Türme auf
der nordöstlichen Seite bauen und Ri-

chard III. im 15. Jahrhundert den Bä-
ren- und Clarence-Turm.

Für die Besichtigung der Burg sollte man mindestens einen halben Tag
einplanen. Im Inneren sind eine der
größten Sammlungen an **Ritterrüstungen** Englands zu sehen und **Wachs-
figuren** der wichtigsten Persönlichkeiten aus der Geschichte der Burg
wie z.B. von **Richard Neville** (1428–
1471), dem 16. Earl of Warwick, der
seinen Reichtum und seine Macht
dazu nutzte, um König Henry VI. ab-
zusetzen und stattdessen Edward IV.
auf den englischen Thron zu bringen,
nur um auch diesen später zu stürzen. Sehr lohnend ist auch die Besteigung des **Befestigungswalls** und der
verschiedenen Türme, von denen sich
ein weiter Blick über die Stadt Warwick und das umliegende Land bieten.

Außerdem finden je nach Jahreszeit
mehrmals täglich Vorführungen statt.
Besonders spannend sind die **Ritterspiele** in der Arena am Fluss, wo die
Rosenkriege nachgespielt werden,

*⌂ Blick vom Turm Guy's Tower
auf das Warwick Castle*

The Mill Garden

Der Mill Garden am Fuße des Warwick Castle hat wirklich etwas Paradiesisches: Vor der dramatischen Kulisse der Burg blüht hier eine Fülle an Pflanzen, die sich bis zum Ufer des mir Seerosen bewachsenen Avon erstrecken. Die rosafarbenen Gartenhäuschen machen die Idylle perfekt. Der Garten ist zwar in privater Hand, kann aber gegen eine kleine Gebühr, die für wohltätige Zwecke gespendet wird, betreten werden.

● **12 The Mill Garden,** Mill Street, Warwick, CV344HB, April–Okt. tägl. 9–18 Uhr, Eintritt £2,50

und die **Greifvogelvorführungen,** wo u. a. riesige Bartgeier und Weißkopfseeadler über die Köpfe der Zuschauer gleiten. Am Flussufer kann man außerdem mehrmals täglich das **Trebuchet,** eine 18 m hohe Schleuder, im Einsatz sehen. Der Nachbau dieses früher als Belagerungsmaschine benutzen Katapults gilt als eines der mächtigsten seiner Art auf der Welt.

Der Eintritt in das unheimliche **Burgverlies** kostet extra, ebenso wie andere Aktivitäten wie z. B. Bogenschießen. Wer die teuren Imbissstände vermeiden will, kann am Ufer des malerischen Avon ein Picknick machen oder das Burggelände verlassen (vorher einen Stempel besorgen!), um später am Tag wiederzukehren.

❯ Warwick, CV346AH, www.warwickcastle.com, tägl. ab 10 Uhr (Schließzeiten sind abhängig von Jahreszeit und Veranstaltungen), Eintritt £28, bis zu 40 % Rabatt bei Online-Vorausbuchung

❯ **Anfahrt:** von Birmingham Snow Hill fahren ein bis zwei Direktzüge pro Stunde nach Warwick, Fahrtzeit 30–40 Minuten, Hin- und Rückfahrtkarte ab £8,10

㊺ Coventry Cathedral ★★

Die Ruinen der Kathedrale von Coventry und der moderne Neubau gleich nebenan sind ein bewegendes Mahnmal für die Versöhnung von Deutschen und Briten nach dem Zweiten Weltkrieg.

In der Nacht vom 14. zum 15. November 1940 brach über der mittelalterlichen Innenstadt von Coventry ein schrecklicher Kampf aus: Bei einem der schlimmsten **Angriffe der deutschen Luftwaffe** auf England fielen in wenigen Stunden 30.000 Bomben auf die damals recht kleine Stadt. 568 Menschen verloren ihr Leben, über 40.000 Wohnhäuser lagen in Trümmern, zwei Drittel der Stadt waren völlig zerstört. Von der herrlichen gotischen **Kathdrale St Michael's,** die im 14. Jahrhundert auf den Grundmauern eines noch älteren Benediktinerklosters erbaut worden war, blieben nur der Turm und die Außenmauern stehen. Nach dem Ende des Kriegs wurden **Coventry** und **Dresden,** die beide zu Symbolen für die Grausamkeit des Bombenkrieges geworden waren, zu **Partnerstädten.** Ein langsamer Prozess der Versöhnung begann, der viele Jahrzehnte andauern sollte.

1950 entschied man sich, die Ruinen als **Erinnerungsgarten** stehen zu lassen und sie in eine neue, vom Architekten **Basil Spence** entworfene Kirche zu integrieren. Königin Elizabeth II. legte 1956 den Grundstein. Die moderne Kirche bestickt vor allem durch das **großartige Fenster des Künstlers John Piper** im Baptisterium rechts neben dem Eingang. Es besteht aus 195 Glasscheiben, deren abstrakte Muster aus Primärfarben vom Boden bis zur Decke reichen und bei gutem Wetter die gesamte Kirche in ein herrliches Licht tauchen. Au-

ßergewöhnlich ist auch die sogenannte **Sutherland Tapestry** im Altarraum, ein 22 m hoher Wandteppich, der den auferstandenen Christus darstellt.

Nach dem Bombenangriff ließ der damalige Propst von Coventry aus zwei verbrannten Dachbalken ein **Kreuz** anfertigen, das heute in den Ruinen der alten Kirche steht. Außerdem fertigte er ein Kreuz aus drei Nägeln aus der zerstörten Kirche an, das später zum Symbol der sogenannten **Nagelkreuzbewegung** werden sollte, einer ökumenischen Vereinigung, die sich für Frieden und Versöhnung einsetzt. Nagelkreuze aus Coventry stehen heute u. a. in der Kaiser-Wilhelm-Gedächtnis-Kirche in Berlin und in der Dresdner Frauenkirche.

❭ **Anfahrt:** Von Birmingham New Street fahren ca. alle 15 Minuten Direktzüge nach Coventry. Fahrtzeit 20 bis 30 Minuten, Hin- und Rückfahrkarte ab £ 4,40.

❭ **Moderne Kathedrale:** Hill Top, Coventry, CV15AB, www.coventrycathedral.org.uk, Mo.–Sa. 10–17 Uhr (letzter Einlass 16 Uhr), So. 12–16 Uhr (letzter Einlass 15 Uhr), Erw. £ 6, unter 18 Jahren Eintritt frei

❭ **Ruinen:** tägl. 9 –17 Uhr, Eintritt frei

❭ **Besteigung des alten Kirchturms:** Mo.–Sa. 10–16 Uhr, So. 12–15 Uhr, Erw. £ 4, Kinder Eintritt frei (Mindestalter 8 Jahre)

㊻ Lichfield ★★★

Das Städtchen Lichfield lockt mit seinen mittelalterlichen Straßenzügen, einer herrlichen Kathedrale und mehreren interessanten Museen.

☑ *Die Ruinen der alten Kathedrale von Coventry*

Nur 25 km nördlich von Birmingham liegt der hübsche Ort Lichfield, der schon allein wegen seiner von schönen Cafés und Geschäften gesäumten Sträßchen einen Besuch wert ist. Imposant thront die **mittelalterliche Kathedrale** mit ihren drei Türmen über dem Ort. Bereits 700 n. Chr. baute der angelsächsische Bischof Hedda hier eine Kathedrale für die Aufbewahrung der Reliquien des **heiligen Chad**, der 672 in Lichfield gestorben war. Obwohl die Originalkirche Anfang des 12. Jahrhunderts von den Normannen zerstört wurde, konnten einige Gegenstände aus dieser Zeit gerettet werden, so z. B. der **Lichfield Angel**, eine Abbildung des Engels Gabriel, und das **Lichfield-Evangeliar**, eine illustrierte Handschrift, die beide auf das 8. Jh. zurückgehen und heute in der Kathedrale ausgestellt sind.

Der Bau des heutigen Gebäudes begann 1195 und wurde 1330 fertiggestellt. Obwohl die Kathedrale während des englischen Bürgerkriegs stark beschädigt wurde, sind in der **Lady-Kapelle** herrliche **flämische Glasfenster aus dem Mittelalter** erhalten geblieben. Auch die schönen **Bodenmosaike** und der kunstvoll verzierte **Lettner,** der den Chorraum vom Rest des Kirchenraums trennt, sind unbedingt sehenswert.

Gegenüber der Kathedrale steht das Haus, in dem **Erasmus Darwin** (1731–1802), der Großvater Charles Darwins, mehrere Jahrzehnte lang lebte. Erasmus Darwin gilt als einer der führenden Intellektuellen des 18. Jh. und war als Arzt, Dichter, Naturforscher und Erfinder tätig. Schon 60 Jahre vor seinem berühmten Enkel erarbeitete er eine Theorie der Erdentwicklung, die heute als Startpunkt für die moderne Evolutionstheorie gilt. Heute ist ein **Museum** in dem Haus untergebracht, das mit seinen interaktiven Stationen auch für Kinder interessant ist. Sehr sehenswert ist auch der **Kräutergarten** mit Blick auf die Kathedrale.

Im Ortskern befinden sich das **Geburtshaus von Samuel Johnson,** einem weiteren großen Denker des 18. Jahrhunderts. Johnson (1709–1784) ist heute vor allem als Verfasser des ersten Wörterbuchs der englischen Sprache bekannt und ist nach Shakespeare der meistzitierte englische Autor. In dem urigen, fünfgeschossigen Haus, in dem Johnson die ersten 27 Jahre seines Lebens verbrachte, ist heute ein Museum untergebracht, in dem sein Leben und Werk dem Besucher durch interessante Ausstellungsstücke nahegebracht werden.

> **Anfahrt:** Von Birmingham New Street fahren zwei Direktzüge pro Stunde nach Lichfield City. Fahrtzeit etwa 35 Min., Hin- und Rückfahrt ab £ 6,40.

13 Erasmus Darwin House, Beacon Street, Lichfield, WS137AD, www.erasmusdarwin.org, April–Okt. tägl. 11–17 Uhr, Nov.–März Do.–So. 11–16 Uhr, Eintritt frei

★ **14 Lichfield Cathedral,** 19A The Close, Lichfield, WS137LD, www.lichfield-cathedral.org, Mo.–Fr. 7–18.15, Sa. 8–18.15, So. 7.30–17 Uhr, Eintritt frei. Kostenlose Führungen jeweils Mo. bis Sa. um 11 Uhr und 14 Uhr.

15 The Samuel Johnson Birthplace Museum, Breadmarket Street, WS136LQ, www.samueljohnson birthplace.org.uk, März–Okt. tägl. 10.30–16.30 Uhr, Nov.–Feb. tägl. 11–15.30 Uhr, Eintritt frei

△ *Freilichtattraktion Black Country Living Museum*

◁ *Die Lichfield Cathedral ist die einzige mittelalterliche Kathedrale Englands mit drei Türmen*

038bh-mb© BCLM · PATRICK MULVANEY

47 Black Country Living Museum ★★★

In dem riesigen Freilichtmuseum lassen Schauspieler in historischen Kostümen die 200-jährige Geschichte der ersten Industrieregion der Welt zum Leben erwachen.

Black Country nennt man die Gegend zwischen Birmingham und Wolverhampton, dem „Kohlenpott Englands". Schwerindustrie, Eisenhütten und Gießereien prägten schon früh das Bild dieser Region, die ihren Namen entweder dem Ruß und der Luftverschmutzung oder aber dem reichlichen Vorkommen an Kohle nahe der Erdoberfläche zu verdanken haben soll. Das Black Country Living Museum stellt sehr anschaulich das Leben der Menschen in dieser Ecke Englands in den letzten 200 Jahren

Peaky Blinders: Gangs of Birmingham

*Eine der erfolgreichsten BBC-Serien der letzten Jahre war die Dramaserie „Peaky Blinders", die im deutschsprachigen Raum unter dem Titel **„Peaky Blinders – Gangs of Birmingham"** gezeigt wird. Sie spielt im Birmingham der 1920er-Jahre und im Mittelpunkt stehen die Gangsterbande Peaky Blinders und ihr Anführer Tommy Shelby, gespielt von **Cillian Murphy.***

Wer die Serie kennt, dem könnten die Straßenzüge des Black Country Living Museum ㊼ bekannt vorkommen: Viele der Staffeln wurden hier zwischen den stimmungsvollen alten Häuserzeilen gedreht.

dar. Für den Besuch des Museums sollte man auf jeden Fall einen ganzen Tag einplanen. Auf dem **über 10 Hektar großen Gelände** gibt es so viel zu sehen und zu erleben, dass man schnell die Zeit vergisst. **Mehr als 50 Häuser, Läden und Werkstätten,** die in den umliegenden Städten wie Dudley und Walsall abgerissen werden sollten, wurden hier Stein für Stein originalgetreu wiederaufgebaut. Die meisten der Gebäude stammen aus den Jahren 1850 bis 1950. Am Nordende des Museums findet sich das **Canalside Village,** ein Dorf aus dem frühen 20. Jahrhundert, in dem eine Schule, eine Kirche, eine Apotheke, eine Schmiede, ein Pub und mehrere Arbeiterhäuser nachgebaut wurden. Kostümierten Schauspielern kann man bei der Arbeit in den Werkstätten zuschauen, sich auf einen Plausch einlassen und ihren

Geschichten über das Leben im frühen 20. Jahrhundert zuhören. In der **St James School** aus dem Jahr 1842 wartet eine Schulstunde wie im 19. Jahrhundert auf den Besucher. Keine Sorge, wenn die Lehrerin einen mit einem „Pay attention, you!" anfährt, wenn man mal kurz nicht aufgepasst hat. Bei Klassengrößen von bis zu 100 Schülern war Strenge nun mal nötig.

Auch nicht fehlen darf natürlich ein Fish 'n' Chips Shop: Bei **Hobbs & Sons,** einem originalen Laden aus dem Jahr 1930, werden die Pommes noch in Rinderfett gebraten und dann in Zeitungspapier eingerollt. Runtergespült wird alles mit einem Pint Ale im **Bottle and Glass Inn,** einem Pub aus dem Jahr 1822, der ursprünglich in dem Örtchen Brockmore stand und dessen Inneres sich seit seinem Bau nicht stark verändert zu haben scheint.

Das Canalside Village liegt in einer Schleife eines für die Midlands so **typischen** Kanals und am Kai kann zugeschaut werden, wie Fracht- und Hausboote repariert und Waren entladen werden. Auch in ein altes **Kohlenbergwerk** kann man herabsteigen und sich über die harten Arbeitsbedingungen in den 1850er-Jahren wundern.

Für den Transport der Besucher durch das große Areal sorgen eine **alte Straßenbahn** und herrliche **Vintage-Busse.**

❯ Tipton Road, Dudley, DY14SQ, www.bclm.co.uk, tägl. 10–17 Uhr, Erw. £17,50, Kinder £8,75, Familien £36,75–£51,45 (je nach Personenzahl)

❯ **Anfahrt:** Mit dem Zug fährt man vom Bahnhof New Street bis Tipton (Fahrtzeit 17 Minuten, Hin- und Rückfahrt ab £4,90), von wo aus man das Museum zu Fuß in etwa 20 Minuten erreicht (nicht ausgeschildert).

BIRMINGHAM ERLEBEN

Birmingham für Kunst- und Museumsfreunde

Kunst- und Kulturfreunden wird in Birmingham die Zeit ganz sicher nicht lang werden. Wer sich vor allem für die großen Meister interessiert, ist beim Birmingham Museum and Art Gallery ⑤ und im Barber Institute of Fine Arts ㉙ an der richtigen Adresse. Die Ikon Gallery ⑫ und das Kulturzentrum mac ㉝ hingegen haben sich vor allem auf zeitgenössische Kunst spezialisiert. Experimenteller geht es in den avantgardistischen Galerien in Digbeth zu: In den Ausstellungsräumen von Künstlerkollektiven wie den Eastside Projects (s. S. 68) kann man die junge britische Kunst der Zukunft entdecken.

Bemerkenswert an Birmingham ist auch die große Dichte an historischen Häusern aus den verschiedensten Jahrhunderten, die heute als Museen für Besucher offenstehen, vom mittelalterlichen **Selly Manor** ㊶ und der jakobinischen **Aston Hall** ㉟ bis hin zu den Villen der großen Industriellen des viktorianischen Zeitalters wie dem **Soho House** ㉞. Ebenfalls sehr spannend sind die Führungen durch die alten Fabriken des Jewellery Quarter wie dem **Coffin Works** ⑮ oder **JW Evans** ⑰ und die historischen Arbeiterhäuser **Back to Backs** ㉕. Neben interessanten Einblicken in die Geschichte der Stadt sprühen die Führungen meist nur so vor britischem Witz und Charme und verbinden so auf eine spannende Weise Unterhaltung und Kultur.

◁ *Vorseite: Die Fassade des Selfridges Building ⑭ besteht aus 15.000 schimmernden Aluminiumscheiben*

Museen

㉕ [E5] **Birmingham Back to Backs.** In diesem Museum erlebt man, wie die Bewohner Birminghams im 19. Jahrhundert lebten (s. S. 42).

⑤ [D4] **Birmingham Museum and Art Gallery.** Zu den Highlights des großen städtischen Museums gehören die präraffaelitischen Gemälde und eine Dauerausstellung zum Schatz von Staffordshire (s. S. 19).

㊼ **Black Country Living Museum.** Das riesige Freilichtmuseum macht die 200-jährige Geschichte der Industrieregion um Birmingham mithilfe von kostümierten Schauspielern lebendig (s. S. 63).

㊲ **Blakesley Hall.** In dem Fachwerkhaus aus dem Jahr 1590 sind viele Möbel und Gegenstände aus dem Mittelalter zu sehen (s. S. 51).

㊵ [bk] **Cadbury World.** Das Schokoladenmuseum mit seinen interaktiven Displays und Vorführungen ist besonders für Kinder interessant (s. S. 53).

⑮ [C3] **Coffin Works.** Die ehemalige Sargfabrik ist in ein spannendes Museum umfunktioniert worden (s. S. 31).

❯ **Erasmus Darwin House** (s. S. 63). Im früheren Heim von Erasmus Darwin, dem Großvater von Charles Darwin, wird über das Leben dieses hochinteressanten Mannes informiert.

⑫ [B4] **Ikon Gallery.** Das kleine Museum zeigt hochkarätige Wechselausstellungen von zeitgenössischen Künstlern (s. S. 29).

⑰ [B2] **JW Evans Silver Factory.** Wie eine Reise mit der Zeitmaschine ist der Besuch dieser alten Fabrik im historischen Jewellery Quarter (s. S. 33).

⑱ [B1] **Museum of the Jewellery Quarter.** Hier wird die Geschichte des historischen Viertels dargestellt, wo noch heute 40 %

allen Schmuckes in Großbritannien hergestellt wird (s. S. 35).

42 National Motorcycle Museum. Das Museum ist eines der weltweit größten seiner Art. Über 1000 teilweise sehr alte und seltene Motorräder sind zu sehen (s. S. 56).

21 [C2] RBSA Gallery. In den Ausstellungsräumen der Royal Birmingham Society of Artists finden Wechselausstellungen von Künstlern aus der Region statt (s. S. 38).

39 [ek] Sarehole Mill. In der historischen, schön gelegenen Wassermühle wird noch heute Weizen gemahlen (s. S. 52).

41 [bk] Selly Manor Museum. In diesem Fachwerkhaus aus dem Jahr 1476 erfahren Besucher, wie das Leben während der Zeit der Tudor-Könige aussah (s. S. 55).

34 [bf] Soho House. Das Soho House war im 18. Jahrhundert ein Treffpunkt für viele der wichtigsten englischen Erfinder und Denker, über die man im heutigen Museum viel erfährt (s. S. 49).

29 [bj] The Barber Institute of Fine Arts. Das kleine Kunstmuseum hat eine beeindruckende Sammlung an Gemälden der großen europäischen Meister zu bieten (s. S. 45).

30 [bj] The Lapworth Museum of Geology. Das kleine Museum zur Erdgeschichte lockt mit einer interessanten Sammlung an Versteinerungen, Steinen und Mineralien (s. S. 45).

16 [B3] The Pen Museum. Das kleine Museum dokumentiert anschaulich die Geschichte der Schreibkunst und der Herstellung von Füllern (s. S. 32).

〉 The Samuel Johnson Birthplace Museum (s. S. 63). Das urige Haus in Lichfield beschäftigt sich mit dem Leben eines der größten Denker des 18. Jahrhunderts.

24 [F3] Thinktank. Das naturwissenschaftliche Museum bietet z. B. spannende Ausstellungen zur Industriellen Revolution, Medizin, Astronomie und der Tier- und Pflanzenwelt (s. S. 41).

⌃ Die Ikon Gallery **12** *: ein Genuss für Fans von zeitgenössischer Kunst*

Kunstgalerien

📞16 [B4] **Castle Fine Art Gallery,** International Convention Centre, Broad Street, B12EA, www.castlegalleries.com, Mo.–Sa. 11–19, So. 11–17 Uhr. Schon seit über 20 Jahren verkauft diese Galerie Werke von Größen wie Salvador Dali und Bob Dylan, aber auch erschwingliche Gemälde von weniger bekannten Künstlern.

📞17 [G4] **Centrala,** Unit 4, Minerva Works, 158 Fazeley Street, Digbeth, B55RT, www.centrala-space.org.uk, geöffnet: Mo.–Fr. 11–18, Sa. 13–18 Uhr. Die Galerie des Polnischen Auswanderer Verbands zeigt Werke von osteuropäischen, aber auch lokalen Künstlern. Sehr schön ist das dazugehörende Café.

📞18 [G5] **Eastside Projects,** 86 Heath Mill Lane, Digbeth, B94AR, www.eastsideprojects.org, Mo.–Sa. 12–17 Uhr. „Wir machen nicht Kunst für die Öffentlichkeit, sondern wir sind die Öffentlichkeit, die Kunst macht", ist das Motto dieses Künstlerkollektivs, das in einem alten Warenlager experimentelle Werke ausstellt.

📞19 [G4] **Grand Union,** 19 Minerva Works, Fazeley Street, Digbeth, B55RS, www.grand-union.org.uk, nur bei Ausstellungen geöffnet (dann Mi.–Sa. 12–17 Uhr), Termine siehe Website. Zu dieser innovativen Galerie gehören auch mehrere Ateliers, wo man den Künstlern bei der Arbeit zuschauen kann.

📞20 [C2] **St Pauls Gallery,** 94 Northwood Street, Jewellery Quarter, B31TH, www.stpaulsgallery.com, Di.–Fr. 10–17, Sa. 10–16 Uhr. Ein Paradies für Musikfans: Hier dreht sich alles um Popmusik, von Album-Covers bis zu signierten Prints.

> *Beim Digbeth Dining Club (s. S. 74) wird auch schon mal auf dem Motor eines Minis gegrillt*

📞21 [D3] **Whitewall Galleries,** 9 Colmore Row, B32BJ, www.whitewallgalleries.com, Mo.–Sa. 10–18, So. 11–17 Uhr. Diese elegante, aber freundliche Galerie bietet zeitgenössische britische und internationale Malerei und Skulptur von hohem Kaliber.

Kunst unter freiem Himmel

Man muss nur ein paar Minuten durch das Kreativviertel **Digbeth** [F5] schlendern, um auf etliche Wandmalereien, außergewöhnliche Statuen und bunte Graffiti zu stoßen. Am besten beginnt man eine Street-Art-Tour an der buntbemalten **Custard Factory** 🎯, vor deren Eingang der 12 m hohe „**Green Man**" steht, eine Figur, die halb Mann und halb Baum ist und sicherlich auch dem Autor J.R.R. Tolkien gefallen hätte, kommen doch in seinen Geschichten ganz ähnliche Wesen vor. Der „Green Man" ist ein Werk der afrikanischen Künstlerin **Toin Adams,** die auch den **Drachen** im Innenhof der Custard Factory und die Skulptur „Deluge" im Zellig-Gebäude neben der Custard Factory, die eine Gruppe fallender Menschen darstellt, geschaffen hat.

Auf dem Parkplatz der zur High Street Deritend zugewandten Seite der Custard Factory sind weitere Beispiele von bunter Street Art zu sehen, z. B. das „**Krawattenhaus**" des Künstlers Joe Miles. Um weitere Kunstwerke zu sehen, empfiehlt es sich, sich einfach durch die Straßen um die Custard Factory herum treiben zu lassen, von der Heath Mill Lane [G5] bis zur Floodgate Street [G5] und deren Nebenstraßen. Sehenswert ist auch das „**Graffiti-Haus**" ein wenig weiter in Richtung Stadtmitte, in dem der avantgardistische Nachtklub Suki10c (s. S. 80) zu Hause ist.

Birmingham für Genießer

Essen und Trinken

Birmingham hat sich in den letzten Jahren zu einem idealen Reiseziel für „Food Lovers" entwickelt. Hier finden sich nicht nur einige der besten indischen Restaurants des Landes, sondern die Stadt kann sich auch mit fünf Restaurants brüsten, die mit Michelin-Sternen ausgezeichnet wurden. Von Starköchen wie Glynn Purnell oder Luke Tipping werden hier die besten Gerichte serviert, die die moderne englische Küche zu bieten hat. Wer das Essen der Topköche probieren, aber die hohen Preise vermeiden will, und keine Lust hat, Wochen im Voraus zu buchen, kann stattdessen Glynn Purnells bodenständigeres Purnell's Bistro (s. S. 72) besuchen oder vielleicht im Newcomer der Birminghamer Gourmetszene, The Wilderness (s. S. 73), einkehren.

Längst ist die britische Küche ihrem ehemals schlechten Ruf entwachsen und ist nun dafür bekannt, die Gaumen mit hervorragenden, manchmal auch gewagten Geschmackskombinationen zu verwöhnen. Viel Wert wird auf die Verwendung von **hochwertigen Produkten aus der Region** gelegt, wobei in den letzten Jahren das **Foraging** immer mehr in die Mode gekommen ist, also das Sammeln von Kräutern, Früchten und Pilzen in der Umgebung. Und so kommen in den besten Restaurants der Stadt nun oft Zutaten auf den Tisch, die der Jahreszeit entsprechend in der Region West Midlands gerade gefunden werden können.

Die Trumpfkarte der kulinarischen Szene Birminghams ist ohne Zweifel ihre **große Vielfalt**. In der schon lange von Einwanderern geprägten Stadt kann man sich ganz problemlos einmal um den Erdkreis essen. Ob Koreanisch, Pakistanisch oder Mongolisch – auf was für ein Gericht man immer gerade Lust hat, in Birmingham wird man es zweifellos finden. Besonders berühmt ist die Stadt für die **Balti-Gerichte,** die in den sogenannten Balti-Houses serviert werden. Das einem Curry ähnliche Gericht, das anders als andere indische Spezialitäten nicht über etliche Stunden gegart, sondern in einer Art Wok nur minutenlang angebraten wird, wurde in den 1970er-Jahren von pakistanischen Köchen in Birmingham erfunden und ist längst zu einem der Lieblingsspeisen der Briten avanciert. Mittlerweile werden Baltis in ganz Großbritannien aufgetischt und die meisten Supermärkte verkaufen gefrorene Variationen und auch die richtigen Gewürze, um sich selbst an dem leckeren Essen zu versuchen.

Birmingham ist auch bekannt für seine hervorragende **Streetfood-Szene**, also für Gerichte aus der ganzen Welt, die von mobilen, oft liebevoll gestalteten Imbisswagen aus verkauft werden. Dabei spielt nicht nur das oft exotische Essen, sondern auch die fröhliche Atmosphäre mit Livemusik und Aufführungen eine große Rolle. Exzellent ist der wöchentlich stattfindende **Digbeth Dining Club** (s. S. 74), den kein Foodie verpassen sollte!

Viele Pubs haben sich mittlerweile in sogenannte **Gastropubs** verwandelt, in denen man gut essen kann. Meist gibt es hier bodenständige britische Gerichte wie Fish 'n' Chips, Fleisch mit Pommes *(chips)* und Gemüse oder Fischpasteten, aber auch andere britische Favoriten wie Curry. Auch **vegetarische Optionen** stehen immer zur Auswahl.

Beim **Bier** gibt es zum Beispiel das **Lager**, ein helles, untergäriges Bier mit hohem Hopfengehalt, mit dem man in England auch ein Pils bezeichnet. Eines der beliebtesten britischen Lager ist Carling, aber sehr beliebt sind auch belgische und französische Marken wie Stella Artois und Kronenbourg. Auch deutsche Biere wie Warsteiner oder Krombacher werden in vielen Pubs aufgetischt.

Mit **Ale** bezeichnet man in England alle einheimischen obergärigen Biere. Dabei unterscheidet man u. a. zwischen Pale Ale, einem hellen, meist niedrigprozentigen Bier, und India Pale Ale (oder IPA), das früher besonders für die lange Überfahrt von Indien nach England gebraut wurde und der konservierenden Wirkung wegen stärker gehopft wurde. **Real Ale** ist keine eigene Bierart, sondern bezeichnet eine althergebrachte Zapfart, die heute wieder im Kommen ist: Das Real Ale wird nicht wie oft üblich mithilfe von Kohlensäure oder Stickstoff, sondern unfiltriert und mit einer Handpumpe gezapft und bei einer Temperatur von 10 bis 12 °C ser-

viert. Eine gute Auswahl an Real Ales kann man in den Pubs The Old Joint Stock (s. S. 79) und The Wellington (s. S. 79) probieren.

Ein anderer Klassiker in englischen Pubs ist der **Cider**, ein erfrischendes Getränk aus vergorenem Apfelsaft, der meist einen Alkoholgehalt um die 4,5 % hat. Zu den beliebtesten Sorten zählen Strongbow, Thatchers und Somersby. Der Cider wird genauso wie alle Bierarten in **Pints** serviert, einem 0.57 l großen Glas. Wem das zu viel ist, der fragt nach einem „half a pint of …" und bekommt ein kleineres Glas

Kulinarischer Tagesablauf

Die meisten Hotels und B&Bs servieren zum Frühstück das berühmte **English Breakfast**, das auch als *Full Cooked Breakfast* oder als *Fry Up* bekannt ist. Zu einem echten englischen Frühstück gehört mindestens ein Ei, das entweder *scrambled* (Rührei) *fried* (Spiegelei) oder *poached* (pochiert) serviert wird, ein oder mehrere Würstchen, Speck, gebackene Bohnen in Tomatensoße, Pilze und Tomaten. Oft kommen auch noch Blutwurst *(black pudding)* und Kartoffelpuffer dazu sowie Toastbrot, das zum Entsetzen vieler Touristen in manchen Lokalen sogar noch frittiert wird. Das Ganze wird mit etlichen Tassen schwarzen Tees mit Milch heruntergespült und hält einen locker bis zum Nachmittag satt, was vielleicht auch erklärt, warum das **Mittagessen** in England traditionell eher dürftig ausfällt.

Viele Briten geben sich zum **Lunch** mit einem Sandwich zufrieden oder essen eine mit Fleisch oder Gemüse gefüllte Pastete. Viele Pubs servieren typisch englische Gerichte wie Ploughman's Lunch, der aus Brot, Käse und *pickles,* einer Mischung

von eingelegtem Gemüse, besteht. Nur am Sonntag fällt das Mittagessen sehr üppig aus: Zu einem **Sunday Lunch** gehören Fleisch, Kartoffeln, Möhren, Pastinaken, Kohl und Erbsen, Yorkshire Puddings (ein Backwerk aus Eierkuchenteig) und große Mengen an *gravy* (Bratensoße). In vielen Pubs und Restaurants wird der Sunday Lunch sonntags von ungefähr 12 bis 18 Uhr serviert.

Das **Abendessen** wird recht früh zwischen 18.30 Uhr und 20 Uhr aufgetischt und gilt als die Hauptmahlzeit des Tages. Pubs servieren das sogenannte **Dinner** meist bis 21 Uhr, Restaurants bis 22 Uhr oder später.

Das **Trinkgeld** beläuft sich auf rund 10 % des Rechnungsbetrags. In England ist es üblich, sich das Wechselgeld auszahlen zu lassen und dann das Trinkgeld auf dem Tisch liegen zu lassen. In **Pubs** gibt es keinen Tischservice, man muss also die **Getränke an der Bar bestellen** und selbst mitnehmen. Auch das Essen in Gastropubs bestellt man an der Bar und gibt dann die Nummer des Tisches an, an dem man sitzt. In Pubs ist es nicht üblich, Trinkgeld zu zahlen.

Der Gin

Eine kaum zu übersehende Vorliebe der Brummies ist der Gin: Immer neue Bars, die sich speziell auf den Wacholderschnaps spezialisiert haben, scheinen in Birmingham wie Pilze aus dem Boden zu schießen.

Der Gin hat seine Wurzeln in den Niederlanden. Englische Soldaten brachten ihn nach dem Holländisch-Spanischen Krieg Mitte des 17. Jahrhunderts mit auf die Insel und verkürzten das holländische Wort für Wacholder („Jenever") zu Gin. Der Schnaps aus Weizen, Wacholder und anderen Gewürzen stürzte England im 18. Jahrhunderts in eine schlimme Krise: Während der sogenannten Gin-Epidemie verzehnfachte sich der Alkoholkonsum besonders bei der armen Bevölkerung und teilweise übertraf die durch den Gin verursachte Todesrate sogar die Geburtenrate. Erst das Gin-Gesetz von 1751 mit seinen strikten Schankvorschriften konnte die Epidemie wieder unter Kontrolle bringen. Sehr viel moderater geht es in den heutigen Gin-

Bars zu, wo die Betonung auf Qualität, nicht Quantität liegt. Zu empfehlen sind die Marke Langley's No. 8, der bereits seit 1805 in Birmingham gebraut und in vielen Bars der Stadt ausgeschenkt wird, und der neue The Birmingham Gin, den man ausschließlich im Kaufhaus Selfridges ⓭ bekommt.

Eine der besten Gin-Bars ist die winzige Kneipe 40 St Paul's, wo über 140 Sorten zur Auswahl stehen und man Mini-G&Ts bestellen kann, um so viel wie möglich probieren zu können, ohne gleich vom Stuhl zu fallen.

❶22 [C2] **40 St Paul's,** 40 Cox Street, Jewellery Quarter, B31FQ, Tel. 07340037639, www.40stpauls.co. uk, Mo.–Fr. 17–23, Sa./So. 15–23 Uhr. Achtung: Der Eingang verbirgt sich hinter einer unscheinbaren schwarzen Tür mit der Aufschrift 40. Wer einen Platz ergattern will, sollte unbedingt reservieren: Die Bar hat nur Platz für 24 Gäste. Käseplatten und kleine Snacks werden auch serviert.

Preiskategorien

Die angegebenen Preiskategorien beziehen sich auf ein Hauptgericht ohne Getränke

£   bis £ 10
££   £ 10 – 15
£££   ab £ 15

Empfehlenswerte Lokale

Britische Küche

23 [G4] **Fazeley Social Cafe** £, 191 Fazeley Street, Digbeth, B55SE, www.fazeleystudios.com, Mo.–Fr. 8–18 Uhr (bei Abendveranstaltungen länger), WLAN. Im Fazeley Studio, einem beliebten Treffpunkt für Künstler und Kreative, kann man gut und sehr günstig essen.

24 [A5] **Ju Ju's Cafe** ££, Watermarque, Canal Square, 100 Brown Street, B168EH, Tel. 4563384, www.jujuscafe.co.uk, Brunch Sa./So. 10–16 Uhr, Mittagessen Sa./So. 13–16 Uhr, Abendessen Di.–Sa. 18–22 Uhr. Dieses freundliche Bistro, wo hauptsächlich traditionelle britische Speisen aus lokalen Zutaten serviert werden, liegt direkt am Kanal nicht weit vom Brindleyplace. Im Sommer kann man schön draußen sitzen.

25 [F4] **Original Patty Men** £, 9 Shaw's Passage, B55JG, www.originalpattymen.com, Do.–Sa. 11.30–23, So. 11.30–20 Uhr. Die unwiderstehlichen Burger und *chips* dieses Bistros in Digbeth haben in Birmingham Kultstatus.

26 [D3] **Purnell's Bistro und Ginger's Bar** ££–£££, 11 Newhall Street, B33NY, Tel. 2001588, www.purnellsbistro-gingers.com, Mo.–Fr. 12–13.45 und 18–21.30, Sa. 12–14.45 und 17–21.30, So. 12–15.45 Uhr. Im Bistro des britischen Michelin-Starkochs Glynn Purnell kann man seine Kreationen zu einem erschwinglichen Preis in lockerer Atmosphäre probieren.

27 [B5] **Tap & Spile** £–££, 10–16 Gas Street, B12JT, Tel. 6325602, www.tapandspilerestaurant.co.uk, Küche: Mo.–Sa. 12–22, So. 12–17 Uhr, Pub: So.–Mi. 16–4, Do.–Sa. 12–4 Uhr. Dieser schön gestaltete Pub mit dazugehörigem Restaurant liegt direkt am Kanal mit herrlichem Blick auf die Hausboote. Auf dem Menü stehen vor allem typisch britische Favoriten wie Fish 'n' Chips und leckere Fleischpasteten.

28 [B2] **The Button Factory** ££, 25 Frederick Street, B13HH, www.thebuttonfactorybirmingham.co.uk, Tel. 2364653, Mittagessen Mo.–Fr. 12–15, Sa.12–16, So. 12–17 Uhr, Abendessen

So.-Do.17-21, Fr./Sa. 17-22 Uhr. In der ehemaligen viktorianischen Knopffabrik wird moderne britische Küche in entspannter Atmosphäre aufgetischt. An warmen Sommertagen kann man sehr schön auf der großen, ruhigen Dachterrasse essen.

29 [C5] **The Canal House** ££, 12 Bridge Street, B12JR, Tel. 6438829, www. thecanalhouse.uk.com, So.-Mi. 12-24, Do. 12-1, Fr. 12-2 Uhr, die Küche schließt jeweils um 22.45 Uhr. In diesem Gastropub bekommt man herzhafte britische Speisen wie Schweinebraten oder Fish 'n' Chips, aber auch gesündere Alternativen wie Halloumi-Käse mit Falafel. Ganz besonders lecker ist der Sunday Lunch. Auch wer nur ein Bier trinken möchte, ist hier gut aufgehoben. Sehr schön ist die große Terrasse, die sich bis zum Bootsanleger am Gas Street Basin erstreckt.

30 [B5] **The Pickled Piglet** £££, 35 Gas Street, B12JT, Tel. 4480933, www. pickledpiglet.co.uk, Mo.-Sa. 11-24 Uhr, So. 11-17 Uhr. Dieses attraktive Restaurant, in dem moderne britische Küche aufgetischt wird, liegt mitten im Zentrum Birminghams, jedoch weitab vom Trubel versteckt in einer ruhigen Seitenstraße. Neben normalen Gängen kann man viele kleine tapasähnliche Gerichte bestellen oder große „Sharing Platters", die zum Teilen gedacht sind.

31 [ai] **The Plough** ££, 21 High Street, Harborne, B179NT, www.theplough harborne.co.uk, geöffnet: So.-Mi. 9-23, Do./Fr. 8-24, So. 9-24 Uhr. Der Stadtteil Harborne liegt nur drei Kilometer südlich der Innenstadt, aber hat fast schon eine dörfliche Atmosphäre – ein Eindruck, der noch verstärkt wird, wenn man im schönen, großen Biergarten die-

ses Gastropubs sitzt. Alle Gerichte werden mit besten Zutaten aus der Region gekocht. Besonders gut schmecken der Sonntagsbraten und die Pizzas, von denen man montagabends zwei für den Preis von einer bekommt.

32 [E5] **The Wilderness** ££££, 1 Dudley Street, B54EG, Tel. 6432673, www. woarethewilderness.co.uk, Mi.-Sa. 10-16 und 18-23 Uhr. Wer das Beste der modernen britischen Küche ausprobieren und dazu noch ein Abenteuer erleben möchte, ist hier an der richtigen Adresse. Ein Menü gibt es nicht, dafür kann man sich aber auf die frischsten Zutaten aus dem Umland verlassen, die zum größten Teil von den Inhabern selbst angebaut oder in der Natur aufgestöbert wurden – wozu auch schon mal geröstete Ameisen gehören können. Billig ist The Wilderness nicht, aber ein Besuch hier ist ein Erlebnis, das man nicht so schnell vergisst.

Internationale Küche

33 [di] **Al Frash** £, 186 Ladypool Road, Sparkhill, B128JS, Tel. 7533120, www. alfrash.com, tägl. ab 17 Uhr. Die aromatischen Balti-Gerichte im Al Frash gehören mit zu den besten, die man in Birmingham findet. Alkohol wird nicht verkauft, dafür darf man aber eigenen mitbringen, der ohne Extrakosten serviert wird.

34 [D4] **Bodega Cantina** £, 12 Bennetts Hill, B25RS, Tel. 4484267, www. bodegacantina.co.uk, Mo.-Do. 12-23, Fr./Sa. 12-2, So. 12-22 Uhr. Diesem Restaurant, das sich auf Streetfood aus

Gastro- und Nightlife-Areale
Bläulich hervorgehobene Bereiche in den Karten kennzeichnen Gebiete mit einem dichten Angebot an Restaurants, Bars, Klubs, Discos etc.

◁ Im The Button Factory wird moderne britische Küche serviert

Mexiko, Brasilien, Peru und anderen südamerikanischen Staaten spezialisiert hat, herrscht eine angenehme Stimmung. Nachos, Tacos, Empanadas, Quesadillas, aber auch größere Hauptgerichte werden hier aufgetischt. Dazu gibt es guten Wein oder Cocktails.

35 [E5] **Chung Ying Cantonese** ££, 16–18 Wrottesley Street, China Town, B54RT, Tel. 6225669, www.chungying.co.uk, tägl. 12–23 Uhr. Neben anderen kantonesischen Gerichten bietet das Chung Ying vor allem eine riesige Auswahl an Dim Sum, kleinen gedämpften oder frittierten Speisen, die man beliebig kombinieren kann. Von 12 bis 17 Uhr gibt es auf alle Dim Sum einen Rabatt von 20 %.

36 [C5] **Cote Brasserie** £, im Shoppingcenter Mailbox, B11RQ, Tel. 6311587, www.cote-restaurants.co.uk, Mo.–Fr. 8–23, Sa. 9–23, So. 9–22.30 Uhr, WLAN. Die günstige Brasserie mit schönen Sitzgelegenheiten am Kanal serviert solide französische Küche. Empfehlenswert ist das preiswerte Mittagsmenü, das es Mo. bis Fr. von 12 bis 19 Uhr gibt.

Kulinarische Weltreise unter dem Digbeth-Viadukt

Jeden Freitag und Samstag weht ab 16 Uhr eine exotische Duftnote zwischen den Eisenbahnbrücken in Digbeth: Streetfood-Verkäufer bieten um die Lower Trinity Street herum jedes Wochenende bis spät in den Abend Gerichte von fünf verschiedenen Kontinenten an. Ob griechische, libanesische, koreanische oder brasilianische Küche – an den bunten Ständen des Digbeth Dining Club findet man alles. Dazu gibt es Musik und andere Unterhaltung.

38 [G5] **Digbeth Dining Club,** Lower Trinity Street, www.digbethdiningclub.com

37 [D4] **Damascena Coffee House** £, 5–7 Temple Row, B25NY, Tel. 2331803, www.damascena.co.uk, Mo.–Fr. 8–20, Sa. 9–20, So. 10–18 Uhr. Perfekt für einen exotischen, günstigen und dazu auch noch köstlichen Brunch oder ein Mittagessen. In diesem syrischen Bistro gibt es etliche leckere Spezialitäten aus dem Nahen Osten. Besonders empfehlenswert sind z. B. das Lamm und Hummus Sharwana.

39 [D2] **Indian Brewery Snowhill** £, Arch 16, Livery Street, B31EU, www.indianbrewery.com, Mo.–Do. 7–22, Fr. 7–22, Sa. 8–23 Uhr, So. 9–21 Uhr (die Küche schließt jeweils eine Stunde eher). In diesem entspannten kleinen Bistro am Bahnhof Snowhill wird indisches Streetfood wie z. B. Chapatis und Pakoras serviert. Dazu gibt es selbstgebrautes Craft Beer.

40 [C2] **Lasan** £££, 3–4 Dakota Buildings, James Street, B31SD, Tel. 2123664, www.lasan.co.uk, Mo.–Fr. 12–14.30 und 18–23, Sa. 18–23, So. 12–21 Uhr. Ein Curryhaus im Fine-Dining-Stil: Im eleganten Lasan am hübschen St Paul's Square werden hervorragende moderne Varianten der besten indischen Gerichte aufgetischt.

41 [C3] **Pasta di Piazza** ££, 11 Brook Street, B31SA, Tel. 2365858, www.pastadipiazza.com, tägl. 11–23.30 Uhr. Das gemütliche Restaurant bietet authentische italienische Küche in schönem Ambiente.

42 [G4] **Rico Libre** ££, 1 Barn Street, B55QD, Tel. 6878730, www.ricolibre.co.uk, Di.–Sa. 18–22 Uhr, So. 12–15 Uhr. In diesem spanischen Restaurant bekommt man großzügig portionierte Tapas von bester Qualität. Das Restaurant hat zwar keine Alkohollizenz, aber man darf dafür selbst alkoholische Getränke mitbringen, solange man pro Person Essen für mindestens £ 17 bestellt.

44 [E5] **Topokki** £, Unit 1c, Hurst Street, B54TD, www.topokki.info, geöffnet: Mo.–Fr. 12–22, Sa./So. 12–21 Uhr. In diesem kleinen, freundlichen Restaurant wird authentische koreanische Küche aufgetischt. Empfehlenswert sind die Dupbap-Gerichte, die aus kurz angebratenem Gemüse, Fleisch und Reis mit asiatischen Gewürzen bestehen, und die Kimchis – fermentiertes Gemüse, das als Beilage gegessen wird.

Cafés und Teestuben

45 [E3] **Boston Tea Party**, 190 Corporation Street, B46QD, www.boston teaparty.co.uk, Mo.–Sa. 7–19, So. 9–18 Uhr, WLAN. Kaffee von bester Qualität und leckere Frühstücks- und Mittagsgerichte gibt es in diesem großen Café, das in einem ehemaligen viktorianischen Pub untergebracht ist.

46 [D4] **Faculty Coffee**, Piccadilly Arcade, B24HD, www.facultycoffee.com, Mo.–Fr. 8–18, Sa. 9.30–18, So. 11–

Im Boston Tea Party kann man bei einer Tasse Kaffee oder Tee dem Treiben auf der Straße zusehen

16 Uhr, WLAN. Dieses kleine Café befindet sich nur drei Gehminuten vom Bahnhof New Street. Die Einrichtung mit simplen Holzbänken ist gewollt einfach, denn hier dreht sich wirklich alles um die Kunst, den perfekten Kaffee herzustellen.

47 [D6] **Quarter Horse Coffee**, 88–90 Bristol Street, Southside, B57AH, www. quarterhorsecoffee.com, Mo.–Fr. 8–18, Sa./So. 9–18 Uhr, WLAN. Wenn man dieses etwa zehn Gehminuten südlich der Innenstadt befindliche Café betritt, schlägt einem gleich der köstliche Geruch frisch gerösteter Kaffeebohnen entgegen. Auch Sandwiches und Suppen werden hier serviert. Besonders lecker ist das frisch gebackene Sauerteigbrot mit Avocado. Es gibt schnelles WLAN und viele Steckdosen.

48 [C3] **Saint Kitchen**, 61a St Paul's Square, B31QS, www.saintkitchen. com, Mo.–Fr. 7.30–17, Sa. 9–15, So. 10–14 Uhr, WLAN. In diesem Café am stimmungsvollen St Paul's Square wird neben sehr gutem Kaffee und Tee auch leckeres Frühstück und Mittagessen serviert.

49 [G5] **The Cranked Cycle Café**, The Custard Factory, Gibb Street, B94AT,

www.facebook.com/CrankedCafe,
Mo.–Fr. 9–17, Sa. 10–18 Uhr. An dieses freundliche, lichtdurchflutete Café schließt sich eine Fahrradwerkstatt an und so dreht sich hier außer um Kaffee und leckeren Kuchen alles um Zweiräder. Auch ein kleiner Laden mit ausgefallenen Geschenken und Kunstbüchern ist hier untergebracht.

Lecker vegetarisch

Für Vegetarier und Veganer ist in England hervorragend gesorgt. Praktisch jedes Restaurant bietet leckere fleischlose Optionen an. Besonders gut isst es sich in den folgenden Lokalen:

➋52 [E3] **1847** £, 26 Great Western Arcade, Colmore Road, B25HU, Tel. 2362313, www.by1847.com, Mo.–Fr. 12–15 und 17–22, Sa. 12–22.30, So. 12–20 Uhr. Innovative vegetarische und vegane Küche in der stimmungsvollen Great Western Arcade. Der Name des Restaurants erinnert an das Jahr, in dem die englische Vegetarian Society gegründet wurde.

➋53 [E4] **3 Three's Coffee Lounge** £, 17–19 Martineau Place, B24UW, Tel. 4489919, www.3threescoffee.com, Mo.–Sa. 8–20, So. 11–17 Uhr, WLAN. In diesem freundlichen vegetarischen Café gibt es leckere Sandwiches, Tofu-Hotdogs, vegane Nachos und Kuchen.

➋54 [D5] **Natural Healthy Foods** £, Unit 1, Orion Building, 24 Suffolk Street Queensway, B11LT, www.natural healthyfoods.co.uk, Mo.–So. 10–21 Uhr. Das günstige Bistro, in dem nur Bioprodukte serviert werden, ist ein Paradies für Veganer. In dem großen, lichtdurchfluteten Gebäude sitzt es sich aber auch gut, wenn man einfach nur einen gewöhnlichen Kaffee (wenn auch mit Sojamilch) trinken will. Ein Bioladen gehört ebenfalls dazu.

➲50 [B4] **The Floating Coffee Co.**, The Water's Edge, B12HL, tägl. 9.30–17.30 Uhr. Die Floating Coffee Company serviert bis zum frühen Abend Kaffee, Tee und herzhafte Speisen auf einem bunten Hausboot im Viertel Brindleyplace.

➲51 [B2] **Urban Cafe**, The Big Peg, Warstone Lane, B186NF, www.urban emporiums.com, Mo.–Fr. 8–16.30,

➋55 [F4] **The Warehouse Cafe** £, 54–57 Allison Street, B55TH, Tel. 6330261, www.thewarehousecafe.com, Di.–Sa. 12–15.30 Uhr und 17.30–20.30 Uhr, Reservierung empfehlenswert. Im Warehouse Cafe wird schon seit über 30 Jahren vegetarisches Essen serviert, möglichst aus lokalem Bioanbau. Auch der Wein und das Bier sind vegan.

Dinner for one

➤ **Boston Tea Party** (s. S. 75). In dem großen Café, in dem es auch gutes Essen gibt, fällt es gar nicht auf, wenn man solo unterwegs ist.

➤ **Original Patty Men** (s. S. 72). In diesem Burger-Bistro geht es sehr entspannt zu, sodass sich auch Alleinreisende wohlfühlen.

➤ **Saint Kitchen** (s. S. 75). Diesem freundlichen Café mit guter Karte kann man gut auch allein einen Besuch abstatten.

Lokale mit guter Aussicht

Schlemmen mit schönem Blick auf die Kanäle und bunten Hausboote? Das kann man vor allem von den folgenden Pubs und Restaurants aus.

➤ **The Canal House** (s. S. 73)
➤ **Canalside Café** (s. S. 78)
➤ **Cote Brasserie** (s. S. 74)
➤ **The Distillery** (s. S. 78)
➤ **Ju Ju's Cafe** (s. S. 72)
➤ **Tap & Spile** (s. S. 72)

Sa. 9 – 17, So. 10 – 16.30 Uhr, WLAN. Sehr guter Kaffee, schöne Deko und viele Sitzgelegenheiten auf einem ruhigen Platz im Jewellery Quarter: Hier kommen Kaffeegenießer richtig auf ihre Kosten. Frühstück und Mittagessen werden auch serviert. Eine weitere Filiale findet sich nördlich der Kathedrale in der Church Street.

Der erste Kaffee

Der perfekte Sightseeing-Tag in Birmingham beginnt im Cherry Reds bei einem üppigen Frühstück mit gutem Kaffee oder Tee, entweder typisch britisch mit Würstchen (auch vegan), gebackenen Bohnen und allem Drum und Dran oder amerikanisch mit Pfannkuchen und Ahornsirup oder Nutella. Wer sich gar nicht mehr von den gemütlichen roten Vintage-Sofas losreißen kann, muss das auch gar nicht: Abends verwandelt sich das Café in eine angesagte Bar.

ⓒ**56** [D5] **Cherry Reds**, 88 – 92 John Bright Street, B1 1BN, www. cherryreds.com, Mo. – Mi. 8.30 – 23, Do. 8.30 – 24, Fr. 8.30 – 1, Sa. 10 – 1, So. 10 – 23 Uhr, WLAN

Für den späten Hunger

Besonders am Wochenende haben viele indische Restaurants im Balti Triangle wie **Al Frash** (s. S. 73) bis in die frühen Morgenstunden geöffnet. Wer spät abends im Stadtzentrum Hunger auf einen Burger oder ein Kebab bekommt, findet in der Broad Street mehrere Imbisse wie das **Pit Stop**, die auch unter der Woche erst gegen 6 Uhr morgens schließen.

ⓘ**57** [B5] **Pit Stop**, 193 – 194 Broad Street, B15 1AY, www. pitstoptakeaway.co.uk, tägl. 11 – 6 Uhr

Birmingham am Abend

Europas jüngste Stadt liebt das Feiern. Ob Livemusik, Disconächte, Technoklubs oder Jazzabende – die Auswahl an Ausgehmöglichkeiten ist schier unendlich. Das Gleiche gilt für Theater, Opern und Ballettaufführungen: Auch das kulturelle Angebot Birminghams lässt ganz bestimmt keine Langeweile aufkommen.

Wer auf der Suche nach einem gemütlichen Pub oder einer trendigen Bar ist, muss nur ein paar Minuten durch die Innenstadt Birminghams schlendern, um bald fündig zu werden. Die Auswahl an schönen Lokalen ist riesengroß. Das Nachtleben der Stadt beschränkt sich nicht auf einen bestimmten Bezirk, aber viele Nachtschwärmer zieht es abends in die **Broad Street** [B5], das angrenzende **Brindleyplace** [B4/5] und das Shoppingcenter **Mailbox** (s. S. 85), wo trinkfreudige Brummies am Wochenende von einer Bar zur anderen ziehen. Auch im **Gay Village** (s. S. 116) und im **Chinese Quarter** ⓯ geht es bis in die Morgenstunden feuchtfröhlich her.

Einige der besten Bars und Pubs Birminghams finden sich aber im historischen **Jewellery Quarter** (s. S. 31), wo sich vor allem kleine, unabhängige Lokale angesiedelt haben, die viel stimmungsvoller sind als die großen Ketten, die das Gesicht der Broad Street prägen.

Das Szeneviertel **Digbeth**, das bekannt ist für seine hervorragenden Nachtklubs wie die **Rainbow Venues** (s. S. 82) oder **Suki 10c** (s. S. 80), zieht viele junge Kreative an. Die meisten Bars und Klubs sind nicht weit von der Custard Factory ⓮ entfernt.

Auch in den Vororten ist abends viel los: Entspannt und lustig geht

Smokers' Guide

*In Großbritannien herrscht aus-
nahmslos ein **allgemeines Rauch-
verbot**, das streng eingehalten wird.
Das Rauchen ist in allen öffentlichen
Einrichtungen und an Arbeitsplät-
zen verboten, was auch Hotels und
Bahnhöfe einschließt. Auch in Autos
darf nicht mehr geraucht werden,
wenn ein Kind mitfährt. Es gibt in
Birmingham keine Lokale oder Restaurants, in denen das Rauchen erlaubt ist – nur in privaten Räumen
und draußen darf gequalmt werden.
Die meisten gastronomischen Einrichtungen haben **Außenbereiche
für Raucher** eingerichtet, die während der kälteren Jahreszeit oft mit
Heizstrahlern gewärmt werden.*

es im Studentenviertel **Selly Oak** [a/
bk] zu, aber auch in den gehobeneren Vororten wie **Moseley** [dj], **Kings
Heath** [c/dk] und **Harborne** [ai] finden sich viele nette Pubs, in denen
man gut den Abend ausklingen lassen kann. Mit dem Taxi ist man anschließend in wenigen Minuten wieder zurück in der Innenstadt.

Pubs und Bars

⊖**58** [B2] **1000 Trades,** 16 Frederick
Street, B13HE, www.1000trades.org.uk,
Mo.-Mi. 16-23, Do. 16-24, Fr./Sa.
12-24, So. 12-22 Uhr, WLAN. Eine
kleine, freundliche Bar, in der man sich
schnell zu Hause fühlt. Gute Auswahl an
Craft Beers und Weinen sowie Tapas und
anderen kleineren Gerichten. Sonntags
Livejazz.

⊖**59** [B5] **Canalside Café**, 35 Gas Street,
B12JU, tägl. 9-23 Uhr. Als Gast dieses

urigen Lokals aus dem 18. Jh. kann man
im Sommer wunderbar mit einem Bier
draußen direkt am Kanal sitzen, während
man sich im Winter mit einem Whiskey
drinnen am offenen Feuer wärmen kann.
Günstige Speisen gibt es auch.

⊖**60** [G6] **Spotted Dog,** 104 Warwick
Street, Digbeth, B120NH, www.spotted
dog.co.uk, Mo.-Do. 17-23, Fr. 15-1,
Sa. 12-1, So. 12-24 Uhr, WLAN. So
sollte ein richtiger Pub aussehen: In
dem gemütlichen, altmodischen Lokal
kann man abends sehr schön bei Ker-
zenlicht sitzen. Im großen Wintergarten
finden oft Konzerte und Filmvorführungen statt. Montags gibt es traditionelle
irische Musik, sonntags spielen Studenten der städtischen Musikhochschule
hier Klassik.

⊖**61** [A4] **The Distillery,** 4 Sheepcote
Street, B168AE, www.thedistillery
birmingham.co.uk, Mo.-Do. 12-23,
Fr./Sa. 12-24, So. 12-23 Uhr. Direkt
am Kanalpfad befindet sich diese
geschmackvoll gestaltete Bar, wo man
bei gutem Wetter schön auf der riesigen
Terrasse sitzen kann. Köstliches, wenn
auch recht teures Essen wird ebenfalls
serviert.

⊖**62** [E3] **The Jekyll & Hyde,** 28 Steelhouse
Lane, B46BJ, www.thejekyllandhyde.
co.uk, Mo.-Do. 12-23, Fr. 12-24, Sa.
12-1 Uhr, WLAN. Allein das verspielte
Design dieser Bar ist schon einen
Besuch wert. Der im Alice-im-Wunder-
land-Stil dekorierte Biergarten ist perfekt
für einen warmen Sommerabend.

⊖**63** [C1] **The Lord Clifden,** Great Hampton
Street, B193DL, www.thelordclifden.
com, So.-Do. 10-24, Fr./Sa. 10-2 Uhr,
WLAN. Freundlich und entspannt geht
es in diesem großen Pub am Rande des
Jewellery Quarter zu, in dem man auch
gut essen kann. Abends spielen DJs
oder es werden Fußballspiele gezeigt. Im
Sommer lockt der riesige, schön gestaltete Biergarten.

64 [G5] **The Old Crown,** 188 High Street, B120LD, www.theoldcrown. com, Mo.–Sa. 8–24, So. 11–24 Uhr, WLAN. Im ältesten Pub Birminghams wird schon seit mindestens 1368 Bier ausgeschenkt.

65 [D4] **The Old Joint Stock,** 4 Temple Row West, B25NY, www.oldjointstock. co.uk, Mo.–Sa. 8–23, So. 9–18 Uhr, WLAN. Dieser große Pub aus dem Jahr 1862 gleich gegenüber der Kathedrale ist dank seiner riesigen Glaskuppel und den hohen Decken sehr stimmungsvoll.

66 [B2] **The Rose Villa Tavern,** 172 Warstone Lane, B186JW, www.therose villatavern.co.uk, Mo.–Do. 12–23, Fr. 12–2, Sa. 11–2, So. 11–23 Uhr, WLAN. Mitten im quirligen Jewellery Quarter findet sich diese Bar, die durch ihre exzentrische Dekoration besticht. Neben Craft-Bieren und Cocktails gibt es auch Burger und Hot Dogs.

67 [D5] **The Victoria,** 48 John Bright Street, B11BN, www.thevictoriabirm ingham.co.uk, So.–Do. 12–24, Fr./Sa. 12–2 Uhr, WLAN. Ein traditioneller, wenn auch teilweise etwas exzentrisch dekorierter Pub aus dem 19. Jahrhundert südlich des Bahnhofs New Street, in dem man auch günstig essen kann. Abends finden oft Konzerte und Theatervorstellungen statt.

EXTRATIPP

Cocktails und Kunst

Besser kann man Kunst und Schlemmen nicht kombinieren: Die Ana Rocha Bar hält sowohl als Antiquitätenladen, Kunstgalerie und Tapas Bar her und so kann man hier herrlich bei einer Pina Colada die alten Statuen und antiken Möbel begutachten

69 [B2] **Ana Rocha Bar & Gallery,** 48 Frederick Street, B13HN, Tel. 2366222, www.anarocha. co.uk, So.–Do. 12–23, Fr./Sa. 12–24 Uhr

68 [D4] **The Wellington,** 37 Bennetts Hill, B25SN, www.thewellingtonrealale.co.uk, tägl. 10–24 Uhr, WLAN. Der freundliche, traditionelle Pub hat sich auf Ales, also obergäriges britisches Bier, spezialisiert. Essen wird nicht serviert, jedoch können Gäste Speisen aus Imbissbuden mitbringen. Teller und Besteck werden bereitgestellt.

⌣ *Im Biergarten des Lord Clifden kann man gut ein paar Stunden verbringen*

Livemusik

🔴70 [dk] **Hare & Hounds,** 106 High
Street, B147JZ, www.hareandhounds
kingsheath.co.uk, Mo.–Mi. 12–24, Do.
12–1, Fr./Sa. 12–3, So. 12–24 Uhr,
WLAN. Der historische Pub, in dem UB40
im Jahr 1979 ihr erstes Konzert gaben,
gilt als einer der besten kleinen Livemu-
sikklubs Englands. Die allabendlichen
Konzerte umfassen alles von Indie über
Pop bis zu Jazz and Hip-Hop. Der Eintritt
kostet meist um die £ 10. Anfahrt: vom
Zentrum mit Buslinie 35 oder 50 bis Institute Road.

🔴71 [D6] **O2 Academy,** 16–18 Horsefair,
B11DB, www.academymusicgroup.
com/o2academybirmingham, Öffnungszeiten abhängig vom Veranstaltungska-
lender. Die Academy ist mit einer Kapazität von 3860 Stehplätzen eine der
größten Veranstaltungsorte der Stadt.
Hier treten fast allabendlich die großen
Namen der Rock- und Popmusik auf. Die
an der gleichen Adresse untergebrachten
Academy 2 und 3 haben Platz für 600
bzw. 250 Zuschauer.

🔴72 [F5] **O2 Institute,** 78 Digbeth, B56DY,
www.academymusicgroup.com/o2ins
titutebirmingham. Die Konzerthalle O2
Institute ist ein einer ehemaligen methodistischen Kapelle in Digbeth untergebracht. Mit einer Kapazität von 2000
Zuschauern ist das Institute etwas kleiner als die Academy. Auch hier gibt es
weitere kleinere Bühnen: Das Institute 2
bietet Platz für 600 Zuschauer, das Institute 3 für 250 und Un-Plug für 400.

🔴73 [C3] **The Actress & Bishop,** 35 Ludgate Hill, B31EH, www.facebook.com/
actressandbishop, Mo.–Do. 12–2, Fr./
Sa. 12–4, So. 13–2 Uhr, WLAN. In diesem Musik-Pub spielen jedes Wochenende britische Bands, die auf den großen Durchbruch warten, ab und zu aber
auch bekanntere Namen. Tickets kosten
meist um die £ 7.

🔴74 [C2] **The Jam House,** 3–5 St Pauls
Square, B31QU, www.thejamhouse.
com/birmingham, Di./Mi. 18–24, Do.
18–1, Fr./Sa. 18–2 Uhr. Etwas geho-
bener geht es im Jam House zu, wo vor
allem Jazz- und Bluesmusiker auftreten und manchmal auch Coverbands.
Wer keine Lust zum Tanzen hat, kann
einen Tisch auf dem Balkon bestellen
und beim Musikhören gut essen. Während der Woche ist der Eintritt meist frei,
am Wochenende zahlt man zwischen 5
und £ 10.

🔴75 [E5] **The Sunflower Lounge,** 76
Smallbrook Queensway, B54EG, www.
thesunflowerlounge.com, So.–Di.
12–23.30, Mi./Do. 12–1, Fr./Sa. 12–2
Uhr, WLAN. Nur wenige Gehminuten vom
Bahnhof New Street findet sich dieser
Klub, wo an den meisten Abenden die
angesagtesten Indie-Bands Englands
auftreten. Eintritt zwischen 5 und £ 10.

Nachtklubs

🔵76 [D5] **Snobs Nightclub,**
51 Smallbrook Queensway, B54HX,
www.snobsnightclub.co.uk, Mi. und Fr.
22.30–3.30, Sa. 22.30–4 Uhr, Eintritt
£ 5. Besonders Studenten lieben die
Indie-, Alt-Rock- und Retro-Nächte in
diesem Klub wenige Gehminuten südlich
des Bahnhofs New Street.

🔵77 [F4] **Suki 10c,** 21 Bordesley Street,
B55PJ, www.suki10c.co.uk, Fr./Sa.
22–5 Uhr. Exzentrisch und avantgardis-
tisch ist dieser winzige Underground-
Klub in einem völlig mit Graffiti bemalter
Haus, wo Raves, aber auch Livekonzerte
stattfinden. Umweltbewusstsein spielt ir
Klub ebenfalls eine große Rolle: 100 %
des Stroms stammen aus Windenergie
und 90 % des Mülls werden recycelt.

🔵78 [G5] **The Night Owl,** 17–18 Lower
Trinity Street, B94AG, www.nightowl
birmingham.com, Mi. 18–23, Fr./Sa.
21–3, So. 21–4 Uhr. In diesem freundli

Die Geburtsstadt des Heavy Metal

Schwarze Schlöte, das stampfende Dröhnen der Dampfmaschinen: Eigentlich ist es kein Wunder, dass Heavy Metal gerade in der Industriestadt Birmingham entstanden sein soll. Der Legende nach soll der Musikstil seine Entstehung einem Unfall in einer Metallfabrik in Birmingham verdanken. Der damals 17-jährige Gitarrist Tony Iommi, dessen Band „The Rockin' Chevrolets" am folgenden Tag auf Deutschland-Tournee gehen sollte, verlor bei einem Maschinenunglück die Kuppen von zwei Fingern. Eine Katastrophe für den jungen Musiker, der seine Karriere vor dem Aus sah. Dann aber machten Freunde ihn auf Django Reinhardt aufmerksam, der durch eine Verbrennung zwei verkrüppelte Finger hatte, aber dennoch als einer der besten Jazz-Gitarristen seiner Generation galt. Iommi war sofort in seinem Bann. Er ließ sich Prothesen für seine Fingerkuppen anfertigen, stimmte seine Gitarre tiefer, um das Spielen zu erleichtern, und gründete mit seinen Schulfreunden Ozzy Osbourne, Geezer Butler und Bill Ward die Band „Earth". Die Gruppe war nur mäßig erfolgreich, bis sich Butler eines Tages mit einer unheimlichen Vision konfrontiert sah, die das Schicksal der Band schlagartig verändern sollte. Der Bassist, der sich schon lange für Horrorfilme und Schwarze Magie interessierte, meinte eines Nachts, eine dunkle Gestalt am Fußende seines Bettes erblickt zu haben. Eine Gestalt aus einer düsteren Anderswelt, wie er meinte, die ihm so viel Angst einflößte, dass er sich von nun von der Schwarzen Magie abwandte und einen Song über das Ereignis schrieb. Den Song nannte er in Anlehnung an den gleichnamigen Film mit Boris Karloff aus dem Jahr 1963 „Black Sabbath". Bei Konzerten rastete das Publikum bei dem Lied regelrecht aus und der Band wurde schnell bewusst, dass sie etwas Großartiges und Einzigartiges geschaffen hatte. Als Osbourne & Co. dazu gezwungen wurden, den Namen der Band zu ändern, da es bereits eine amerikanische Gruppe namens Earth gab, zögerten sie nicht lange. Die Band Black Sabbath war geboren.

Auch die Band „Judas Priest" wurde 1969 in Birmingham gegründet, aber es sollte noch einige Jahre dauern, bis sie sich dem Heavy Metal widmen sollten. Heute gilt die Gruppe, die mittlerweile weltweit über 50 Millionen Alben verkauft hat, als die beste Heavy-Metal Band aller Zeiten. Im März 2018 erschien ihr 18. Album mit dem Titel „Firepower".

„Napalm Death", ebenso aus Birmingham, führte den brachialen Sound des Heavy Metal noch eine Stufe weiter. Ihr Death Metal mit martialischen Melodien zählt zum Genre des Extreme Metal.

In der heutigen Musikszene Birminghams spielt Metal kaum noch eine Rolle. In den 1990er-Jahren wurde die Stadt für minimalistischen Techno berühmt, der schnell zu Berliner Klubs wie dem Berghain hinüberschwappte. Wer sich heute durch die angesagtesten Nachtklubs von Digbeth treiben lässt, der stößt auf einen riesigen Wirrwarr an Sounds. Von Grime über Psytrance House bis zu verträumtem Indie - alles ist erlaubt. Die Stärke Birminghams liegt, auch was die Musik betrifft, in der großen Vielfalt.

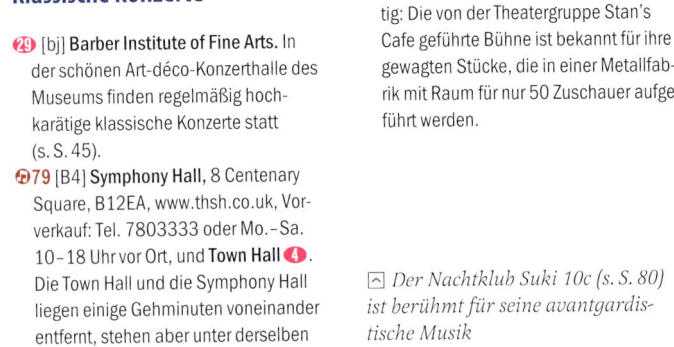

046bh-ar

Schirmherrschaft und teilen ein Programm mit erstklassigen Konzerten. Die Symphony Hall gilt mit ihrer hervorragenden Akustik als eine Konzerthalle von Weltklasse, während die Town Hall mit ihrer schönen Architektur und einer riesigen Orgel aus dem Jahr 1834 besticht.

⊙80 [F3] **The Birmingham Conservatoire,** Birmingham City University, 200 Jennens Road, B47XR, www.bcu.ac.uk/conservatoire. In dem neuen, 57 Millionen Pfund teuren Konzert- und Theaterkomplex der städtischen Musikhochschule finden vor allem klassische Konzerte statt, aber auch moderne Musik- und Theateraufführungen.

⊙81 [bj] **The Bramall,** University of Birmingham, Ring Road South, B152TT, Tel. 4144414, www.thebramall.co.uk. Die Konzerthalle Bramall, die 450 Zuschauern Platz bietet, gehört zur Musikabteilung der Universität Birminghams und ist bekannt für ihre hervorragende Akustik. Vor allem klassische Konzerte finden hier statt, aber ab und zu auch Popkonzerte oder Comedy Events.

Theater, Oper und Ballett

⊙82 [B2] **@AE Harris,** 110 Northwood Street (Eingang Ecke Northwood Street/ James Street), B31SZ, Tel. 2362273, www.aeharrisvenue.co.uk. Wer experimentelles Theater liebt, ist hier richtig: Die von der Theatergruppe Stan's Cafe geführte Bühne ist bekannt für ihre gewagten Stücke, die in einer Metallfabrik mit Raum für nur 50 Zuschauer aufgeführt werden.

chen kleinen Retroklub kommen besonders Northern-Soul-, Motown- und Funk-Fans auf ihre Kosten. Mittwochs von 19 bis 21 Uhr finden jeweils Northern-Soul-Tanzstunden statt. Eintritt rund £6.

❭ **The Rainbow Venues,** www.rainbow venues.co.uk. Zu den beliebtesten Klubnächten Birminghams gehören die Veranstaltungen der Rainbow Venues, die regelmäßig topaktuelle Techno- und House-Klubnächte an verschiedenen Austragungsorten in Digbeth organisieren. Das aktuelle Programm wird jeweils auf der Website angekündigt.

Klassische Konzerte

㉙ [bj] **Barber Institute of Fine Arts.** In der schönen Art-déco-Konzerthalle des Museums finden regelmäßig hochkarätige klassische Konzerte statt (s. S. 45).

⊙79 [B4] **Symphony Hall,** 8 Centenary Square, B12EA, www.thsh.co.uk, Vorverkauf: Tel. 7803333 oder Mo.–Sa. 10–18 Uhr vor Ort, und **Town Hall** ❹. Die Town Hall und die Symphony Hall liegen einige Gehminuten voneinander entfernt, stehen aber unter derselben

◺ *Der Nachtklub Suki 10c (s. S. 80) ist berühmt für seine avantgardistische Musik*

○83 [E5] **Birmingham Hippodrome,** Hurst Street, B54TB, Tel. 08443385000, www.birminghamhippodrome.com, Vorverkauf an Veranstaltungstagen 10–20, sonst 10–18 Uhr. Das Hippodrome ist mit über 600.000 Gästen im Jahr das am meisten besuchte Theater Großbritanniens. Es ist die Heimatbühne des Birmingham Royal Ballet, aber neben Balletten, Opern und vielen Musicals werden auch etliche Theaterstücke aufgeführt.

○84 [C4] **Birmingham Repertory Theatre,** Centenary Square, B12EP, Tel. 2364455, www.birmingham-rep.co.uk, Vorverkauf Mo.–Sa. 11–17.30 Uhr. Das „Rep" gehört zu den ältesten und renommiertesten Theatergesellschaften ganz Großbritanniens und bietet ein sehr abwechslungsreiches und innovatives Programm.

○85 [B5] **The Crescent Theatre,** 20 Sheepcote Street, B168AE, Tel. 6435858, www.crescent-theatre.co.uk, Vorverkauf Mo.–Sa. 10–19 Uhr. Schon seit 1923 stellt diese Theatergesellschaft klassische, aber auch ungewöhn-lichere Stücke von unbekannten Dramatikern auf die Bühne. Auch Musicals, Ballett und Konzerte gehören zum Programm. Das Haupthaus hat Platz für 336 Zuschauer, das Studio für 120.

❯ **The Old Joint Stock** (s. S. 79). In dem Theater über dem stimmungsvollen Old Joint Stock Pub ist nur Platz für 100 Zuschauer, aber trotzdem finden hier immer wieder erstklassige Aufführungen statt.

Kino

▨86 [G5] **The Mockingbird Cinema and Kitchen,** Mockingbird House, The Custard Factory, Gibb Street, B94AA, Tel. 2247456, www.mockingbirdcinema. com, Tickets £ 6. „Eat, Drink, Film", ist das Motto dieses kleinen Programmkinos mit nur 100 Sitzen und schaden kann es nicht, dieser Reihenfolge tatsächlich zu folgen: Erst Chips 'n' Curry oder Halloumi–Fritten im dazugehörigen Restaurant, dann ein Glas Wein an der Bar, gefolgt von einem Kultklassiker im kleinen Kino. Perfekt!

Englands ältestes Kino

Ein Besuch des Electric Cinema ist ein Muss für alle Film-Fans: Das stimmungsvolle kleine Programmkino aus dem Jahr 1909 ist das älteste Kino Großbritanniens, das noch in Betrieb ist. Wer sich verwöhnen lassen will, zahlt ein paar Pfund extra für einen Ledersessel mit Fußlehne. Per SMS kann man von der Bar, zu der auch ein dekadenter Absinthbrunnen gehört, Snacks und Getränke bestellen, die zum Sitz gebracht werden.

▨87 [D5] **The Electric Cinema,** 47–49 Station Street, B54DY, Tel. 6437879, www.theelectric.co.uk, Tickets £ 10,50 oder £ 14,80 für De-luxe-Sitze

047bh-ar

Birmingham für Kauflustige

Birmingham ist ein Paradies für Shopaholics: In Sachen Einkaufen kann Englands zweitgrößte Stadt es locker mit London aufnehmen. Von riesigen Einkaufspalästen über kleine Boutiquen bis hin zu bunten Märkten findet sich hier alles, was das Herz höherschlagen lässt. Ganz besonders gut dran sind Liebhaber von allem, was glitzert und glänzt, denn wo kann man besser Schmuck kaufen als im europäischen Zentrum der Schmuckindustrie? Die über 100 Schmuckgeschäfte des Jewellery Quarter haben für jeden Geschmack und Geldbeutel etwas zu bieten.

Die größte Einkaufszone Birminghams liegt in unmittelbarer Nähe zum Hauptbahnhof New Street. In der Tat muss man vom Bahnhof nur eine Rolltreppe hochfahren, um die Einkaufsgalerie **Grand Central** zu erreichen. Auch das enorme Shoppingzentrum **Bullring** und der angrenzende **Rag Market** befinden sich nur wenige Gehminuten östlich des Bahnhofs. Im Bullring gibt es 160 Mode-, Elektro-, Haushaltswaren- und Geschenkeläden, in denen man so ziemlich alles kaufen kann, was man sich vorstellen kann.

Die **Haupteinkaufsstraßen** Birminghams sind die **New Street** [D4], nach der der Hauptbahnhof benannt ist, die angrenzende **High Street** [E4] und die **Corporation Street** [E4]. Während man hier hauptsächlich große Markengeschäfte findet, bieten die beiden Einkaufspassagen **Great Western Arcade** ❷ und **Piccadilly Arcade** ein individuelleres Einkaufserlebnis: Hier sind etliche **unabhängige Geschäfte** untergebracht, die es nur in Birmingham gibt. Auch in den kleinen Seitenstraßen, die von der New Street nach Norden in Richtung Kathedrale ❶ abzweigen, finden sich viele weitere kleinere Geschäfte.

Ebenso individuell geht es in den Läden zu, die sich im Kreativviertel **Digbeth** um die Custard Factory ❷❸ angesiedelt haben. Hier kommen besonders Liebhaber von Vintage-Mode und ausgefallenen Geschenken auf ihre Kosten. **Edle Modegeschäfte** wie Armani oder Paul Smith hingegen finden sich in der exquisiten Einkaufsgalerie **The Mailbox** am westlichen Rand der Innenstadt.

Wer auf der Suche nach regionaler Handwerksprodukten und Geschenken ist, wird oft in den **Museumslä-**

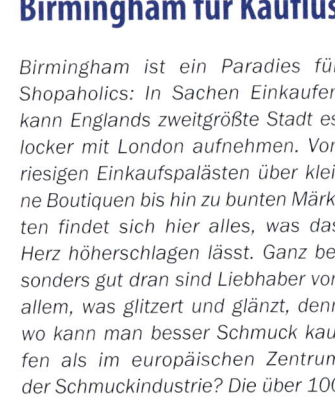

den fündig, die fast ausnahmslos ein gutes Sortiment an lokalen Produkten führen. Ein großes Angebot gibt es zum Beispiel in der Birmingham Museum and Art Gallery ❺, aber auch im Geschenkeladen der Library of Birmingham ❽.

Shoppingcenter und -passagen

🔺**88** [E5] **Bullring,** St Martin's Circus, B54BU, www.bullring.co.uk, Mo.–Fr. 10–20, Sa. 9–20, So. 11–17 Uhr. Der Bullring ist eines der größten und geschäftigsten innerstädtischen Einkaufszentren Europas und besteht aus zwei Gebäuden, der East und der West Mall, die durch eine Passage verbunden sind. Außer den großen Modeketten, einer Filiale des gehobenen britischen Kaufhauses Selfridges und vielen Spezialgeschäften findet man hier auch etliche Restaurants. Die Stier-Statue am Eingang New Street ist ein beliebtes Fotomotiv.

🔺**89** [D4] **Grand Central,** Navigation Street, B24BW, www.grandcentralbirmingham.

com, Mo.–Sa. 9–20, So. 11–17 Uhr. Die Einkaufsgalerie Grand Central nimmt das zweite Stockwerk des Bahnhofs New Street ein. Hier findet man u. a. Läden der englischen Modeketten Fat Face und Cath Kidston sowie eine Filiale des britischen Kaufhauses John Lewis.

❷ [E3] **Great Western Arcade.** In der hübschen viktorianischen Einkaufspassage finden sich unabhängige Läden und einige Restaurants.

🔺**90** [C5] **Mailbox,** 7 Commercial Street, B11RS, www.mailboxlife.com, Mo.–Sa. 10–19, So 11–17 Uhr. In der edlen Shoppinggalerie Mailbox im ehemaligen Postamt Birminghams finden sich Designerläden wie Armani, Hugo Boss und Calvin Klein sowie eine Filiale des britischen Nobelkaufhauses Harvey Nichols.

🔺**91** [D4] **Piccadilly Arcade,** New Street, B24EU, www.birmingham piccadillyarcade.co.uk, Mo.–Sa. 9–18 Uhr, So. 11–17 Uhr. In der kleinen Einkaufspassage sind mehrere unabhängige Läden und Cafés untergebracht.

🔼 *Die Einkaufsgalerie Grand Central befindet sich direkt über dem Hauptbahnhof*

◁ *Geschäftiges Treiben auf der Haupteinkaufsstraße New Street [D4]*

Shoppingareale
Die wichtigsten Shoppingbereiche der Stadt sind im Kartenmaterial mit einer rötlichen Fläche markiert.

052bh-ar

co.uk, Mo.–Sa. 10–18, So. 11–17 Uhr. Schuhfans aufgepasst: Hier gibt es Treter von britischen Topmarken wie Shellys, Red or Dead und Ben Sherman, sowohl für Frauen als auch Männer.

96 [G4] **Urban Village,** 158 Fazeley Street, B55RT, www.urban-village.co.uk, Fr./Sa. 10.30–18 Uhr. Vintage, Vintage, Vintage: In diesem Laden gibt es eine große Auswahl an Mode aus den Jahren 1940 bis 1970, aber auch Platten, Möbel und Sammlerstücke für Freunde der Nostalgie.

Geschenke

97 [C2] **Hard to Find Whisky,** 1 Spencer Street, B186DD, www.htfw.com, Mo.–Sa. 10–18 Uhr. In diesem Laden findet man nicht nur eine riesige Auswahl an Whisk(e)ys, sondern auch kleine Geschenke wie Bonbons mit Whiskygeschmack oder Miniaturen zum Probieren.

98 [D4] **Smithsonia,** 5–9 Piccadilly Arcade, B24HD, www.smithsonia.co.uk, Mo.–Sa. 10–17.30 Uhr. Gleich um die Ecke vom Bahnhof New Street liegt dieser Geschenkeladen, der schon seit 1982 Keramik, Schmuck und Kunst von Herstellern aus der Region verkauft.

99 [E4] **T2,** SU 711, Bullring, B54BU, www.t2tea.com, Mo.–Fr. 10–20, Sa. 9–20, So. 11–17 Uhr. In diesem australischen Geschäft gibt es über 200 verschiedene Teesorten, die man alle probieren darf, bevor man sich für einen Kauf entscheidet. Schönes Teegeschirr und andere Geschenke gehören ebenfalls zum Sortiment.

100 [dk] **The People Shop,** 50 Poplar Road, B147AG, www.thepeopleshop. co.uk, Mo.–Fr. 9–17.30, Sa. 10–17

Mode

92 [D4] **Disorder Boutique,** 14 Needless Alley, Birmingham B25AE, www. disorderboutique.com, Mo.–Sa. 11–18, So. 12–17 Uhr. Als „supercool" beschrieb die Zeitung The Guardian die Disorder Boutique, in der Frauen- und Männermode von britischen Designern angeboten wird. Wer auf topaktuelles englisches Modedesign aus ist, ist hier an der richtigen Adresse.

93 [D3] **Liquor Store,** 3 The Grand, 27 Colmore Road, B32BS, www.liquor storeclothing.com, Mo.–Sa. 9–18, So. 11–17 Uhr. In diesem schön eingerichteten Laden gegenüber der Kathedrale steht eine sehr gute Auswahl an erschwinglicher Damen- und Herrenmode zur Auswahl.

94 [D4] **No. 50,** 50 Pinfold Street, B24AY, www.no50.co.uk, Mo.–Sa. 9–18, So. 11–17 Uhr. Ein sorgfältig ausgesuchtes Sortiment an bequemer und praktischer Damen-, Herren- und Kindermode von Marken wie Timberland, Kappa und Le Coq Sportif gibt es in diesem geschmackvoll eingerichteten Laden nahe der New Street.

95 [E3] **Sims Footwear,** 12 Great Western Arcade, B25HU, www.simsfootwear.

Die Disorder Boutique ist eine der besten Adressen für Fans von britischer Designermode

Uhr. Alles, was in dieser hübschen Boutique verkauft wird, ist handgemacht: von ausgefallenen Kerzen über bequeme Damenmode bis hin zum Schmuck. Wer sich in den südlichen Vororten befindet und nach einem Geschenk für eine Frau sucht, wird hier sicherlich fündig!

101 [E5] **Vincent van Doodle,** 10 Link Street, Bullring, B54BU, www.vincentvandoodle.com, Mo.–Sa. 10–20, So. 11–17 Uhr. Perfekte Geschenke für Intellektuelle findet man in diesem Laden, dessen Produkte allesamt von den Inhabern entworfen und in England hergestellt wurden. Albert-Einstein-Teegeschirr? Klar, gibt es. Jane-Austen-Tapete? Natürlich!

Märkte

102 [dk] **Kings Heath Markets,** Village Square, B147RA, www.allsaintscentre kh.co.uk. Auf dem hübschen Platz an der All Saints Church im Vorort Kings Heath finden an mehreren Wochenenden im Monat Antiquitäten-, Streetfood- und Bauernmärkte statt. Die jeweiligen Daten werden auf der Website angezeigt.

103 [dj] **Moseley Farmers and Arts Market,** Moseley Village Green und umliegende Straßen, Moseley, B138HW, www.moseleyfarmersmarket.org.uk und www.moseleycdt.com, jeweils am letzten Sa. im Monat 9–14 Uhr, Anreise: Buslinie 1, 35, 50 vom Stadtzentrum. Der Bauern- und Kunstmarkt findet im Zentrum des Boheme-Vororts Moseley statt und lockt mit leckeren regionalen Produkten und regionalem Handwerk. Meist trägt Livejazz zur schönen Stimmung bei.

104 [E5] **Rag Market,** Edgbaston Street, B54RB, www.ragmarket.com, Di./Do./Fr. 9–17, Sa. 9–17.30 Uhr. An den über 350 Ständen findet man neben der Kirche St Martin in the Bullring so gut wie alles, von Lebensmitteln über Kleidung bis zu Schmuck.

Antiquitäten

105 [dj] **Moseley Emporium,** 116 Alcester Road, B138EE, www.moseley emporiumantiques.com, Mo.–Sa. 10–17.30 Uhr. Im hübschen Vorort Moseley stehen über drei Stockwerke verteilt besonders Möbel, aber auch viele andere Antiquitäten zum Verkauf.

Musik

106 [E3] **Swordfish Records,** 66 Dalton Street, B47LX, www.swordfishrecords.co.uk, Mo.–Sa. 10–17.30 Uhr. Legendärer Plattenladen, der schon seit 1979 Musikfans mit einer guten Auswahl an neuen und gebrauchten Platten und CDs begeistert.

107 [D6] **The Diskery,** 99–102 Bromsgrove Street, B56QB, www.thediskery.com, Mo.–Sa. 9–18 Uhr. Dieser herrlich altmodische Plattenladen ist ein wahres Paradies für Vinyl-Liebhaber.

Bücher

❯ Foyles, Unit 2A, Grand Central (s. S. 85), www.foyles.co.uk/book store-birmingham, Mo.–Sa. 9–20, So. 11–17 Uhr. Die Filiale des bekannten Buchladens befindet sich im Einkaufszentrum Grand Central. Groß ist das Geschäft nicht, aber die Auswahl an Titeln ist hervorragend.

⑫ [B4] **Ikon Gallery.** Im Erdgeschoss der Kunstgalerie findet sich ein guter Kunstbuchladen.

108 [dj] **Oxfam Bookshop Moseley,** 101 Alcester Road, Moseley, B138DD, Mo.–Sa. 9.30–17.30, So. 12–16 Uhr. Der Secondhand-Buchladen bietet eine gute Auswahl an Titeln. Bücherfreunde werden das Geschäft nur schwer verlassen können, ohne ein paar Pfund auszugeben, aber das macht nichts: Der Gewinn geht an gute Zwecke.

Shop 'n' Stop

Eine kleine Oase der Ruhe inmitten der hektischen Innenstadt ist das Café im 2. Stock des Buchladens Waterstones. Hier kann man zwischen etlichen Teesorten, gutem Kaffee und aus lokalen Produkten hergestellten Speisen auswählen und sie anschließend beim Blick über die geschäftige New Street genießen. Dabei kann man die umliegenden Bücher und Zeitungen durchblättern oder sich die Gemälde und Fotografien von Künstlern aus Birmingham an der Wand anschauen, bevor man genug Kraft geschöpft hat, um sich wieder in den Rummel der Innenstadt zu stürzen.

🔒**109** [E4] **Waterstones Birmingham,** 24–26 High Street, B47SL, www.waterstones.com, Mo.–Sa. 9–22, So. 11–17 Uhr. In diesem riesigen Buchladen findet man über vier Stockwerke verteilt Literatur zu allen Themenbereichen.

Schmuck

🔒**110** [B2] **Artfull Expression,** 23/24 Warstone Lane, B186JQ, www.artfull expression.co.uk, Mo.–Sa. 10–16.30 Uhr. In diesem Laden werden die Kreationen von über 60 Designern verkauft, die allesamt im Jewellery Quarter angesiedelt sind und deren Werkstätten gleich um die Ecke liegen. Hier findet man einzigartige Schmuckstücke, die nirgendwo sonst zu bekommen sind.

🔒**111** [C2] **Crystalink Jewellery,** 35 Hall Street, B186BS, www.crystalink.co.uk, Mo.–Sa. 9.30–16.30 Uhr. Im Crystalink findet man eine riesige Auswahl an Diamantringen, Ohrringen und Ketten. Den Familienbetrieb gibt es schon seit 1972.

🔒**112** [B2] **Quarter Jewellery,** 29 Warstone Lane, B186JQ, www.quarterjewellery.com. Dieser Familienbetrieb verkauft im Herzen des Jewellery Quarter seit über 20 Jahren Schmuck. Besonders gut ist die Auswahl an schönen Secondhand-Stücken, die oft halb so teuer ausfallen wie neue Produkte.

Birmingham zum Träumen und Entspannen

Birmingham kann sich rühmen, eine der grünsten Großstädte Europas zu sein: Ganze 25 % der Stadt besteht aus Grünflächen. In der Innenstadt und den Vororten finden sich 571 Parkanlagen, zu denen außerdem noch über 400 km an Bächen, Flüssen und Kanälen hinzukommen. Wo auch immer man sich in Birmingham befindet, man ist nie weit weg von einem Fleckchen Grün, das man oft ganz für sich allein hat.

Kleine Grünanlagen direkt in der geschäftigen Innenstadt, wo man sich hinsetzen und einfach mal abschalten kann, finden sich am hübschen **Cathedral Square** an der Kathedrale ❶. Seine Grasflächen werden unter der Woche von Angestellten der umliegenden Büros und Geschäfte gern für die Mittagspause genutzt. Ein weiterer schöner, aber ruhigerer Kirchplatz mit vielen Sitzgelegenheiten ist der malerische **St Paul's Square** ❷⓿ im Jewellery Quarter.

Ebenfalls perfekt zum Entspannen sind die **Dachterrassen der Library of Birmingham** ❽. Besonders der schön bepflanzte Secret Garden im 7. Stock ist ein magischer Ort, um einfach ein paar Stunden mit weitem Panoramablick vor sich hin zu träumen. Voll wird es hier so gut wie nie: Für viele Bewohner Birminghams scheint der Garten über den Dächern tatsächlich so etwas wie ein Geheimnis zu sein.

Der **Eastside City Park** am östlichen Rand der Innenstadt neben dem naturwissenschaftlichen Museum Thinktank ❷❹ ist der erste neue Park in Birmingham seit über 130 Jahren. Noch sind die Bäume hier recht klein und es wird sicherlich noch ein paar Jahre dauern, bis alles angewachsen ist, aber schon jetzt kann man hier im Sommer schön an den Wasserfontänen sitzen.

Eine Besonderheit Birminghams sind die vielen **Kanäle**, die die Stadt

◁ *Im Merlin Centre findet sich der Schmuckladen Artfull Expression*

⌂ *Der Shire Country Park – perfekt für ein Picknick im Grünen*

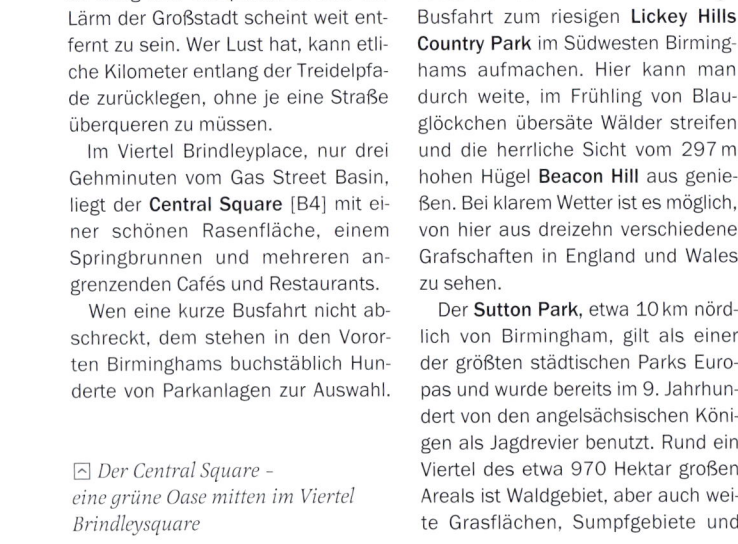

054bh ar

durchziehen und deren Treidelpfade nur von Fußgängern und Radfahrern genutzt werden dürfen. Auch an den Kanalpfaden mitten in der Innenstadt wie z. B. am **Gas Street Basin** ⑩ geht es ruhig und entspannt zu und der Lärm der Großstadt scheint weit entfernt zu sein. Wer Lust hat, kann etliche Kilometer entlang der Treidelpfade zurücklegen, ohne je eine Straße überqueren zu müssen.

Im Viertel Brindleyplace, nur drei Gehminuten vom Gas Street Basin, liegt der **Central Square** [B4] mit einer schönen Rasenfläche, einem Springbrunnen und mehreren angrenzenden Cafés und Restaurants.

Wen eine kurze Busfahrt nicht abschreckt, dem stehen in den Vororten Birminghams buchstäblich Hunderte von Parkanlagen zur Auswahl.

⌂ *Der Central Square –
eine grüne Oase mitten im Viertel
Brindleysquare*

Sehr schön und schnell zu erreichen ist der **Cannon Hill Park** mit altem Baumbestand, weiten Rasenflächen und einem großen See, an dem man Tretboote ausleihen kann. Etwas ruhiger ist der nur 500 m südlich liegende **Highbury Park**, der früher dem ehemaligen Bürgermeister Birminghams, Joseph Chamberlain, gehörte. Auch hier finden sich weite Wiesenflächen, alte knorrige Bäume und ein Ententeich.

Ebenso schön sind der große See **Edgbaston Reservoir** mit seinen Segelbooten, den man über einen Fußweg umrunden kann, und das urige Waldgebiet **Moseley Bog** (s. S. 108), einer der Lieblingsorte des Autors J. R. R. Tolkien. Gleich um die Ecke davon, an der Sarehole Mill ㉟, liegt der **Shire Country Park**, der am Ufer des Flüsschens Colne entlang verläuft und als Inspiration für das Auenland im „Herr der Ringe" gilt.

Wer so richtig Landluft schnuppern möchte und raus in die Natur will, sollte sich auf die etwa einstündige Busfahrt zum riesigen **Lickey Hills Country Park** im Südwesten Birminghams aufmachen. Hier kann man durch weite, im Frühling von Blauglöckchen übersäte Wälder streifen und die herrliche Sicht vom 297 m hohen Hügel **Beacon Hill** aus genießen. Bei klarem Wetter ist es möglich, von hier aus dreizehn verschiedene Grafschaften in England und Wales zu sehen.

Der **Sutton Park**, etwa 10 km nördlich von Birmingham, gilt als einer der größten städtischen Parks Europas und wurde bereits im 9. Jahrhundert von den angelsächsischen Königen als Jagdrevier benutzt. Rund ein Viertel des etwa 970 Hektar großen Areals ist Waldgebiet, aber auch weite Grasflächen, Sumpfgebiete und ganze sieben Seen finden sich hier. Außer der ursprünglichen Natur gibt es viele Unterhaltungsmöglichkeiten: mehrere Spielplätze, zwei Golfplätze, einen Ponyhof und einen Gnadenhof für Esel. Mit der Regionalbahn erreicht man den Sutton Park in etwa 20 Minuten.

- ●113 [cj] **Cannon Hill Park,** Russell Road, B138RD, www.cannonhillpark.co.uk, Buslinien 45 und 47 bis South Drive
- ●114 [G3] **Eastside City Park,** Curzon Street, B47AP
- ●115 [bh] **Edgbaston Reservoir,** 115 Reservoir Road, Ladywood, B169EE, Buslinie 80 bis Summerfield Crescent
- ●116 [ck] **Highbury Park,** Shutlock Lane, B138NZ, www.highburyparkfriends. org.uk, Buslinien 50, 50A, 150, X50 bis Station Road
- ●117 **Lickey Hills Country Park,** 21 Warren Lane, Lickey, B458ER, Buslinie 47 bis Rednal Island
- ●118 [ek] **Shire Country Park,** Colebank Road, B130BD, Bahnhof Hall Green, Buslinie 5 bis Sarehole Mill
- ●119 **Sutton Park,** Park Road, Sutton Coldfield, B742YT, Bahnhof Sutton Coldfield

Perfekt für ein ruhiges Stündchen allein

Wer morgens ein bisschen Zeit braucht, um in die Gänge zu kommen, und sich nach Ruhe und etwas Raum sehnt, wird sich in den Edwardian Tearooms im Birmingham Museum wohlfühlen. Hier ist genügend Platz, um in aller Ruhe die Zeitung zu lesen und für ein Stündchen oder auch länger in den gemütlichen Sitznischen abzutauchen. Ein leckeres **Frühstück** und **Brunch** werden auch serviert.

- ▶ **Edwardian Tearooms,** Birmingham Museum and Art Gallery ❺, Sa.–Do. 10–16.30, Fr. 10.30–16.30 Uhr

Zur richtigen Zeit am richtigen Ort

Das ganze Jahr über lockt Birmingham mit einem spannenden und vielfältigen Veranstaltungsprogramm. Das breite Angebot reicht von Theaterfestivals und Sportevents bis zu Open-Air-Konzerten und Filmfestivals. Während der Sommer mit einem großen Angebot an Musikevents lockt, kommen viele Besucher im Winter wegen des riesigen Weihnachtsmarkts und im Frühling wegen der großen St Patrick's Day Parade in die Stadt. Auf der Website www. visitbirmingham.com kann man sich unter „What's On" tagesaktuell über Veranstaltungen informieren.

Januar/Februar

- ❯ **Chinese New Year:** Das chinesische Neujahr wird am ersten Neumond, der auf den 20. Januar folgt, im Chinese Quarter ㉖ mit Feuerwerken und Drachentänzen begrüßt.

März

- ❯ **St Patrick's Day:** Um den 17. März herum findet in Birmingham die drittgrößte St-Patrick's-Day-Parade der Welt statt (www.stpatricksbirmingham.com)
- ❯ **Crufts:** Im National Exhibition Centre (NEC) findet jedes Jahr Anfang März die größte und älteste Hundeshow der Welt statt (www.crufts.org.uk).

April

- ❯ **Flatpack Film Festival:** Das Flatpack Festival gilt als eines der angesehensten Filmfestivals Englands und lockt mit einem breiten Angebot an Vorführungen (www.flatpackfilmfestival.org.uk).

❯ **Vaisakhi:** Das Sikh-Festival zieht mit seinen bunten Prozessionen jedes Jahr um die 100.000 Besucher an und gilt als größtes asiatisches Festival Europas (www.vaisakhibirmingham.co.uk).

Mai

❯ **International Dance Festival Birmingham:** Das IDFB ist eines der größten Tanzfestivals der Welt und umfasst alle Genres von Ballett bis zu experimentellem Tanz. Das Festival findet alle zwei Jahre statt, die nächsten Male 2018 und 2020 (www.idfb.co.uk).

❯ **Birmingham Pride:** Am letzten Wochenende im Mai feiert die Schwulen- und Lesbenszene der Stadt. Das Highlight ist eine bunte Parade durch die Innenstadt (www.birminghampride.com).

▢ *Bunt und fröhlich geht es beim Birmingham Weekender im September zu*

Juni

❯ **Brindleyplace Dragonboat Festival:** Einmal im Jahr treten unterschiedliche Vertreter der Stadt in einem Drachenbootrennen gegeneinander an – mit viel Familienunterhaltung am Rande (www.brindleyplace.com/events).

❯ **Supersonic Festival:** Großbritanniens größtes Festival für experimentelle Musik zieht Musikliebhaber an, die offen für Neues sind (www.supersonicfestival.co.uk).

Juli

❯ **Be Festival:** Schauspieler, Tänzer, Musiker und Akrobaten aus ganz Europa treten bei diesem Kulturfestival auf, das in und um das Repertory Theatre herum stattfindet (www.befestival.org).

❯ **Birmingham Carnival:** Der fröhliche afrokaribische Karneval mit einem großen Umzug, Streetfood und viel Musik findet alle zwei Jahre statt, zum nächsten Mal 2019.

> **Birmingham and Solihull Jazz and Blues Festival:** Das renommierte Jazz- und Bluesfestival gibt es bereits seit 1984 (www.birminghamjazzfestival.com).

> **Brindleyplace Outdoor Film Festival:** Im Zuge dieses Festivals gibt es auf dem Central Square im Brindleyplace etliche kostenlose Filmvorführungen (www.brindleyplace.com/events).

> **Mostly Jazz, Funk and Soul Festival:** Das beliebte Musikfestival findet jährlich im Moseley Park statt (mostlyjazz.co.uk).

> **Music for Youth Festival:** Das MFY-Festival gilt als größtes Jugendmusikfest der Welt. Über 8000 „Jungstars" der unterschiedlichsten Genres treten an verschiedenen Veranstaltungsorten auf (www.mfy.org.uk/coreseason/national).

> **Jewellery Quarter Festival:** Ende Juli feiert das Jewellery Quarter sich selbst. Auf dem St Paul's und dem Golden Square gibt es Livemusik und Vorführungen. Auch öffnen viele interessante Werkstätten ihre Türen (www.jewelleryquarter.net).

August

> **V Festival:** In der vorletzten Augustwoche findet im Weston Park knapp außerhalb Birminghams eines der größten Musikfestivals Großbritanniens statt, bei dem Rock- und Popbands von Weltrang auftreten (www.vfestival.com).

September

> **Birmingham Heritage Week:** Mitte September feiert die Stadt mit Vorträgen und Führungen ihr Kulturerbe. Viele Denkmäler, die sonst nicht zugänglich sind, öffnen ihre Türen (www.birminghamheritageweek.co.uk).

> **Birmingham Weekender:** Am vorletzten Wochenende im September verwandelt sich die ganze Innenstadt in eine riesige Bühne für Musik, Tanz und Kaba-

Offizielle Feiertage in England

> **New Year's Day:** 1. Januar
> **Good Friday:** Karfreitag
> **Easter Monday:** Ostermontag
> **May Day Bank Holiday:** Maifeiertag, erster Montag im Mai
> **Spring Bank Holiday:** letzter Montag im Mai
> **Summer Bank Holiday:** letzter Montag im August
> **Christmas Day:** 1. Weihnachtstag
> **Boxing Day:** 2. Weihnachtstag

Bitte beachten: Wenn Feiertage auf Samstag oder Sonntag fallen, wird automatisch der darauffolgende Montag zum Feiertag.

rett. In Einkaufszentren, in der Straßenbahn und an anderen ungewöhnlichen Schauplätzen finden hervorragende, meist kostenlose Vorstellungen statt (www.birminghamweekender.com).

> **Moseley Folk Festival:** Das beliebte Folk-Music-Festival findet jährlich im idyllischen Moseley Park statt (www.moseleyfolk.co.uk).

> **Still Walking:** Über neun Tage hinweg werden zu verschiedenen (oft recht ausgefallenen) Themen geführte Spaziergänge durch Birmingham angeboten (www.stillwalking.org).

Oktober

> **Birmingham Comedy Festival:** Bei dem zehntägigen Festival treten die bekanntesten britischen Comedians auf (www.bhamcomfest.co.uk).

> **Birmingham Literature Festival:** Beim Birmingham Literaturfestival lesen renommierte britische und ausländische Autoren (www.birmingham literaturefestival.org).

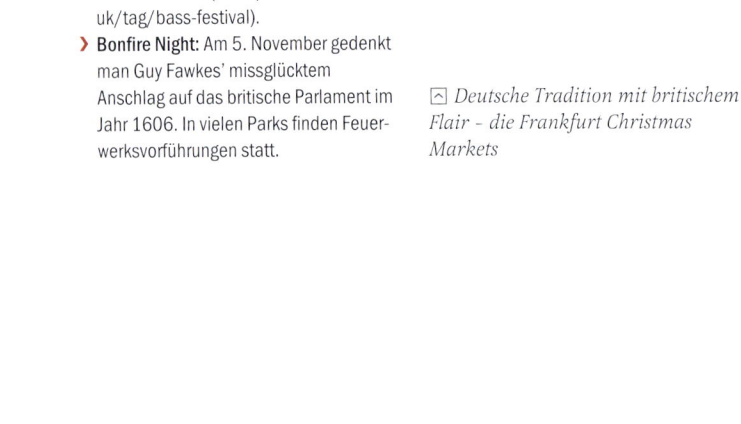

> **Black International Film Festival (BIF):**
> Das Festival stellt Filme von schwarzen
> Regisseuren vor und zieht mit seinen
> Vorträgen, Workshops und Diskussio-
> nen Filmfans aus der ganzen Welt an
> (www.vtelevision.co.uk/biff).
> **Fierce Festival:** ein Festival für avant-
> gardistisches Theater. Die Vorführun-
> gen überraschen und schocken oft
> (wwww.wearefierce.org).

November

> **Bass Festival:** Bei Großbritanniens größ-
> tem Black-Music-Festival kommen
> besonders Fans von Rap und Hip-Hop
> auf ihre Kosten (www.punsh-records.co.
> uk/tag/bass-festival).
> **Bonfire Night:** Am 5. November gedenkt
> man Guy Fawkes' missglücktem
> Anschlag auf das britische Parlament im
> Jahr 1606. In vielen Parks finden Feuer-
> werksvorführungen statt.

> **Shout:** ein Kunst- und Kulturfest der
> LGBT-Gemeinschaft, das über zehn Tage
> an verschiedenen Veranstaltungsorten
> stattfindet (www.shoutfestival.co.uk)
> **Tradfest:** ein Festival für traditionelle
> irische Musik im Stadtteil Digbeth
> (www.birminghamtradfest.co.uk)

Dezember

> **Frankfurt Christmas Market:** Am Victoria
> und am Centenary Square finden jeden
> Dezember die größten deutschen Weih-
> nachtsmärkte außerhalb der deutsch-
> sprachigen Welt statt. Über 180 Stände
> verkaufen Glühwein, Bratwurst und
> Kunsthandwerk.

⌃ *Deutsche Tradition mit britischem
Flair – die Frankfurt Christmas
Markets*

BIRMINGHAM VERSTEHEN

Das Antlitz der Stadt

*Das einst als hässliches Entlein ver-
schriene Birmingham hat sich ge-
wandelt: Dank eines ehrgeizigen Regenerationsprogramms erstrahlen
die schönsten Plätze der Stadt wieder im alten Glanz und alte Bausün-
den wurden mit atemberaubender
neuer Architektur ersetzt. Heute
überrascht Birmingham seine Besucher mit einem spannenden Gemisch
aus Alt und Neu, aber auch mit riesigen Parkanlagen und Naturreserva-
ten, dank derer sich Birmingham zu
einer der grünsten Städte Europas
zählen darf.*

Wer sich unter Birmingham eine
eintönige Industriestadt vorstellt, wird
bei einem Rundgang durch die Innenstadt sehr überrascht sein: **Elegante
viktorianische Häuserzeilen** stehen
da gleich neben **futuristischen Glasbauten, beschauliche Kanäle** aus
dem 18. Jahrhundert fließen mitten
durch die **modernsten Einkaufsbezir-
ke.** Das bunte Gemisch von Alt und
Neu und großstädtischem sowie fast
dörflichem Flair sorgt immer wieder
für Überraschungen.

◁ *Vorseite: Zu einem guten Hausboot
gehört natürlich auch ein Wachhund*

Die Betonbauten aus der Nachkriegszeit, die das Antlitz Birminghams für Jahrzehnte prägten, sind
mittlerweile entweder abgerissen
oder durch bunte Street Art in Kunstwerke verwandelt worden. Allerdings
ist die Umgestaltung noch längst
nicht abgeschlossen. Baukräne domi-
nieren in vielen Teilen der Innenstadt
noch immer das Bild. Überall wird abgerissen, neu gebaut und renoviert.
Der riesige **Bauboom**, der noch heute
anhält, wurde bereits in den 1990er-
Jahren eingeleitet und dann 2008
mit dem Regenerationsprogramm
Big City Plan weiter beschleunigt. Der
Big City Plan soll dafür sorgen, dass
die einst so großartige Stadt in den
nächsten Jahren wieder zu ihrem früheren Glanz zurückfindet und sich als
zweitwichtigste Stadt Englands behaupten kann.

Einer der größten Fehler der Stadt-
planung nach dem Zweiten Weltkrieg
war der Bau von **drei Ringstraßen**,
die um die Stadt herumführten und
ihr den Spitznamen „*Motor City*" ein-
trug. Die vierspurige innere Ringstraße **Queensway** zog sich wie ein Be-
tonkragen mitten um das eigentliche
Zentrum Birminghams und machte
die Innenstadt zu einem Paradies für
Autofahrer, aber gleichzeitig auch zu
einem Alptraum für Fußgänger, die

nur durch dunkle und abends auch gefährliche Tunnel von einem Teil der Stadt in den anderen wechseln konnten.

Der erste Teil des **Regenerationsprogramms**, der bereits in den 1990er-Jahren begann, bestand also darin, den Verkehr von der inneren Ringstraße wegzuleiten und die Stadt wieder für Fußgänger freizugeben. Auch die Kanäle, die seit Jahrzehnten vor sich hingedümpelt hatten, wurden saniert und in neue Wege für Fußgänger und Boote umgewandelt. Zu dieser Zeit entstand auch das schicke Wohn- und Unterhaltungsviertel **Brindleyplace** direkt neben dem Birmingham Canal, das heute mit zu den beliebtesten Vierteln der Stadt gehört.

Zu Beginn des neuen Jahrtausends begann man auch, das Einkaufszentrum **Bullring** (s. S. 85), das 1964 im Stil des Brutalismus gebaut worden war, und den ebenso unansehnlichen **Hauptbahnhof New Street** völlig neu zu gestalten. Der neue Hauptbahnhof mit seinem futuristischen Glasdach und seiner schicken Einkaufsgalerie konnte 2015 eröffnet werden.

Gleichzeitig begann die Arbeit an der neuen **Library of Birmingham** ❽, einem der architektonischen High-

KURZ & KNAPP

Die Stadt in Zahlen

> Erstmalige urkundliche Erwähnung: 1086
> Einwohner: 1,1 Mio.
> Einwohner des Großraums Birmingham: 2,7 Mio.
> Einwohner unter 25 Jahren: 40 %
> Bevölkerungsdichte: 3649 Einwohner pro km²
> Fläche: 268 km²
> Höhe ü. M.: 140 m

lights der Stadt. Als größte öffentliche Stadtbibliothek Europas sollte sie Birmingham von einer ganz neuen Seite zeigen – ein großer Erfolg, denn die Bibliothek gilt heute als meistbesuchte Sehenswürdigkeit außerhalb Londons.

Aber die Regeneration beschränkte sich längst nicht nur auf das Zentrum, sondern schloss auch den Stadtteil Eastside, das Jewellery Quarter, Digbeth und weiter außerhalb liegende Viertel mit ein.

Das nächste Ziel des Big City Plans ist die Fertigstellung des **Paradise Development** mitten im Zentrum um den **Chamberlain Square** [C4].

⌄ *Panoramablick über Birmingham*

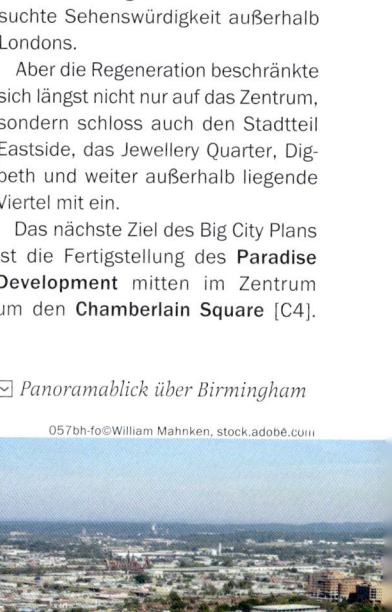

059bh-ar

bahnhof New Street schon jetzt überlastet ist. Der neue Bahnhof soll am ehemaligen Bahnhof Curzon Street im Viertel Eastside entstehen, der 1966 geschlossen wurde und von dem nur noch die Eingangshalle erhalten ist. Stadtplaner hoffen bereits darauf, dass die neue Bahnstrecke eine Regeneration dieses Teils Birminghams mit sich führen und etliche Londoner aus der teuren Hauptstadt anlocken wird.

Die alte Stadtbibliothek, ein weiterer Betonklotz aus den 1960er-Jahren, wurde genauso wie andere Gebäude aus der Nachkriegszeit bereits abgerissen und sollen bis 2025 durch moderne Glasgebäude ersetzt werden, in denen Raum für Restaurants, Bars und Büros sein wird. Die Entwürfe machen Hoffnung, dass der Chamberlain Square sich zu einem der schönsten Ecken Birminghams entwickeln und zusammen mit den benachbarten Victoria und Centenary Squares zum Herzstück des modernen Birmingham wird.

Ende 2018 soll außerdem der **Ausbau der Straßenbahn** Midland Metro bis zum Centenary Square abgeschlossen sein und eine weitere Erweiterung bis zum südlichen Stadtteil Edgbaston beginnen. Die wohl bedeutendste Veränderung steht aber noch an: Der geplante Bau der **HS2**, einer **Hochgeschwindigkeitsbahn zwischen Birmingham und London** soll die Fahrtzeit zwischen beiden Städten bis 2026 auf 49 Minuten verkürzen. Ein neuer Bahnhof, Birmingham Curzon Street, ist bereits als Endstation für die HS2 in Planung, da der Haupt-

Das Herz Englands

Birmingham profitiert schon lange von seiner günstigen Lage mitten im Herzen Englands. Es gehört zum Bezirk **West Midlands**, der nach dem Großraum London die bevölkerungsreichste Region Großbritanniens ist und der mehrere andere bedeutende Städte wie Wolverhampton, Coventry und West Bromwich einschließt, genauso wie die kohlenreiche Region Black Country. Die kurzen Entfernungen zwischen den verschiedenen Städten ließen schon im Mittelalter einen regen Handel aufblühen und begünstigte auch den Austausch an Wissen und Ideen.

Die Stadt liegt auf dem **Birmingham Plateau,** welches zwischen 140 und 300 Meter über dem Meeresspiegel liegt und im Süden vom Fluss **Avon,** im Westen vom **Severn** und im Norden vom **Trent** begrenzt wird. Einer der höchsten Punkte in unmittelbarer Nähe zu Birmingham ist der **Beacon Hill** im Lickey Hills Country Park mit 298 m. Durch Birmingham selbst fließt kein größerer Fluss und die Stadt liegt weiter vom Meer entfernt als jede andere Großstadt Großbritanniens. Merkwürdigerweise hört man trotzdem auf jedem Spaziergang durch die Innenstadt das laute Kreischen der Möwen, die sich hie-

⌃ Eine historische Dampflok im Thinktank **24** *ist ein Relikt des alten Birmingham*

auch weitab von der See wohlzufühlen scheinen. Gerade wegen des Fehlens eines natürlichen Hafens war der Ausbau des **Kanalnetzes** für Birmingham von größter Bedeutung. Kaum denkbar ist es, dass die Stadt ohne ihre Kanäle jemals die Bedeutung gewonnen hätte, die sie heute hat.

Die Region West Midlands grenzt an die Grafschaften Warwickshire, Worcestershire und Staffordshire, die zu den eher wenig besuchten Regionen Englands gehören, dabei findet man in den ländlicheren Teilen noch das „Olde Worlde England", ein England wie aus dem Bilderbuch mit kleinen, teilweise mittelalterlichen Städtchen mit urigen Pubs und Fachwerkhäusern.

Eine der grünsten Großstädte Europas

Wer hätte das erwartet von einer Großstadt, die hauptsächlich für ihre Industrie bekannt ist? Doch wer von der Dachterrasse der Library of Birmingham ❽ den Blick schweifen lässt, merkt es schnell: Birmingham ist wirklich erstaunlich grün. Ganze **571 Parkanlagen** (s. S. 89) finden sich auf dem Stadtgebiet, zu denen auch der Sutton Park 11 km nördlich der Innenstadt gehört, der mit seinen 9 km² als einer der größten Stadtparks Europas gilt. Ganz besonders grün sind aber auch die **südlichen Vororte**. Wer am Edgbaston Pool nahe des **Winterbourne House and Gardens** ㉛ steht und den Blesshühnern bei der Futtersuche zuschaut, wird nur schwer glauben können, dass die Innenstadt nur etwa drei Kilometer entfernt ist – wäre da nicht das eine oder andere Hochhaus, das hinter den Baumkronen hindurchschimmert.

Auch in der ehemals so grauen Innenstadt selbst tut sich was: Immer mehr **begrünte Wände und Dächer** verschönern das Bild der Stadt und die Stadtverwaltung hat vor, die Mittelplanken vieler großer Straßen in den nächsten Jahren mit sogenannten **Green Screens** zu versehen, begrünten Abschirmungen also. Und so wurde Birmingham auch 2014 als erste britische Stadt in das **Netzwerk Biophilic Cities** aufgenommen, einer Vereinigung von Großstädten wie Oslo oder San Francisco, die großen Wert auf Umweltschutzengagement und Nachhaltigkeit legen und es sich zur Aufgabe gemacht haben, „Hauptstädte der Natur" zu werden.

060bh-whg©Greg Milner

△ *Die Gärten des Winterbourne House and Gardens* ㉛ *gehören zu den schönsten Parkanlagen Birminghams*

Von den Anfängen bis zur Gegenwart

Birmingham nahm seinen Anfang als eine winzige angelsächsische Siedlung, die sich im Mittelalter langsam zu einem bedeutenden Marktstädtchen entwickelte. Der große Umbruch kam im 19. Jahrhundert: Als eine der ersten Industriestädte der Welt wurde Birmingham schnell zu einer Stadt von großer internationaler Bedeutung.

Etwa 20 Jahre, nachdem der Normannenkönig **William the Conqueror** England eingenommen hatte, schickte er Abgesandte aus, um systematisch das Land zu durchkämmen und alle Grundbesitzverhältnisse im sogenannten **Domesday Book** einzutragen. In diesem Buch findet man heute die erste Erwähnung des Ortes Birmingham: Neun Familien lebten hier damals und ganze sechs Äcker gab es. 20 Schillinge sei das Dorf wert, schrieben Williams Gesandte.

Im Laufe des Mittelalters entwickelte sich Birmingham zu einem wichtigen Marktstädtchen, in dem besonders mit **Woll- und Metallprodukten** gehandelt wurde. Während des Englischen Bürgerkriegs stand Birmingham auf Seiten des Parlaments und die Stadt wurde wegen ihrer wachsenden Metallindustrie zu einem wichtigen Waffenproduzenten für die Gegner des Königs. Zu Beginn des 18. Jahrhunderts war die Einwohnerzahl der Stadt bereits so angestiegen, dass Birmingham nun als fünftgrößte Stadt Großbritanniens galt. Dank der Neigung der Einwohner zum Nonkonformismus zog Birmingham viele Freidenker an. Die **Lunar Society** (s. S. 25), zu der einige der größten britischen Denker ihrer Zeit gehörten, ließ Birmingham zu einem Vorreiter an progressiven Ideen und Erfindungen werden, was auch die **Industrialisierung** stark vorantreiben sollte. Dank des großen Kohlevorhabens in der Umgebung und des billigen Transports auf den Kanälen entwickelte sich Birmingham zu einer der ersten und wichtigsten **Industriestädte** der Welt.

Der Abstieg kam in den **1970er-Jahren**, als Birminghams Industrie rasch an Wettbewerbsfähigkeit verlor und eine Fabrik nach der anderen die Türen schließen musste. Erst in den **1990er-Jahren** begann die Regeneration, die dank des **Big City Plan** (s. S. 96) in den letzten zehn Jahren richtig in Schwung kam und half, Birmingham in eine der großen Trendmetropolen Europas zu verwandeln.

6. Jh.: Angelsachsen siedeln sich in der Gegend des heutigen Birmingham an. Der Name Birmingham bedeutet so viel wie „das Heim von Beormas Leuten". Bei Beorma handelte es sich vermutlich um einen Stammesführer, der hier eine Siedlung gründete.

1086: Das Dorf Birmingham wird im Domesday Book zum ersten Mal offiziell erwähnt.

1166: Der Lehnsherr Peter de Birmingham erkauft sich vom König das Recht, in der Gegend des heutigen Bullring einen wöchentlichen Markt zu halten. Händler und Handwerker siedeln sich in Birmingham an.

1500: Birmingham entwickelt sich zu einem Zentrum der Metallverarbeitung.

1642: Der Englische Bürgerkrieg bricht aus. Birmingham steht auf Seiten des Parlaments und liefert Schwerter an die Armee Oliver Cromwells.

1643: Prinz Ruprecht von der Pfalz, der für seinen Onkel König Charles I. kämpft, fällt mit seiner Armee in Birmingham ein, setzt 80 Häuser in Brand und richtet 18 Einwohner der Stadt brutal hin.

1700: Innerhalb weniger Jahrzehnte wächst die Bevölkerung der Stadt so an, dass Birmingham nun als fünftgrößte Stadt Großbritanniens gilt.

1765: Die Lunar Society, deren Ideen und Entdeckungen die Industrielle Revolution in großem Maß beschleunigen wird, wird von Erasmus Darwin in Birmingham gegründet.

1769: Der erste Kanal, der Birmingham mit den Kohleminen bei Wednesbury verbindet, wird eröffnet. Der Preis von Kohle halbiert sich innerhalb eines Jahres.

1775: James Watt, ein Industrieller aus Birmingham, ermöglicht mit seiner Weiterentwicklung der Dampfmaschine deren wirtschaftliche Nutzung.

1832: Birmingham wird zum ersten Mal von zwei Abgeordneten im britischen Parlament vertreten.

1837: Die erste Eisenbahnlinie der Stadt wird eröffnet und verbindet Birmingham mit Manchester.

1889: Königin Victoria verleiht Birmingham das Stadtrecht.

1940–1943: Mehr als 5000 Menschen sterben bei Angriffen der deutschen Luftwaffe.

1945: Nach Ende des Zweiten Weltkriegs werden heruntergekommene Arbeiterslums abgerissen. Das Stadtbild ändert sich stark.

1950: Eine große Einwanderungswelle aus Ländern des Commonwealth beginnt.

1974: Bei einem IRA-Anschlag auf zwei Pubs in der Innenstadt („Pub Bombings") sterben 21 Menschen.

2008: Die erste Phase des Big City Plan, eines 10 Milliarden Pfund teuren Regenerationsplans für die gesamte Innenstadt, beginnt.

2013: Ein Meilenstein des Big City Plan: Die neue Library of Birmingham wird eröffnet.

2016: Birmingham stimmt beim Referendum mit 50,4 % zu 49,6 % für einen Austritt aus der Europäischen Union.

2017: Andy Street von der Partei The Conservatives wird zum ersten direkt gewählten Bürgermeister des Großraumes Birmingham ernannt.

2018: Geplanter Baubeginn der Hochgeschwindigkeitsbahn HS2 zwischen Birmingham und London, welche die Fahrzeit zwischen beiden Städten von 82 auf 49 Minuten verkürzen soll.

2022: Geplante Austragung der Commonwealth Games in Birmingham

⌂ *Im Laufe der Stadtsanierung wurden die Kanalpfade in schöne Gehwege umgewandelt*

◁ *Prinz Ruprecht fällt in Birmingham ein – Abbildung im Birmingham Museum and Art Gallery* ➎

Leben in der Stadt

Lange stand Englands unscheinbare zweitgrößte Stadt im Schatten anderer Metropolen wie Manchester oder Liverpool, die mehr Aufhebens um sich machten als das eher bescheiden daherkommende Birmingham. Doch heute strotzt die Metropole wieder vor Stolz und Kreativität. Und das sicherlich auch, weil Birmingham sich rühmen darf, eine der jüngsten und buntesten Städte Europas zu sein.

Noch immer steht für viele Briten nicht unbedingt fest, welche ihrer Städte sich mit dem Titel „Second City" schmücken darf. Eigentlich ist Birmingham mit seinen 1,1 Millionen Einwohnern **fast doppelt so groß wie Englands drittgrößte Stadt Manchester**, und auch der Großraum Birmingham gewinnt zahlenmäßig mit 2,7 Millionen ganz klar das Rennen. Bei Umfragen liegt Birmingham aber noch immer zurück. 2013 gaben bei einer Umfrage des Meinungsforschungsinstituts YouGov 30 % aller Befragten an, dass Manchester für sie die zweitwichtigste Stadt des Vereinigten Königreichs sei. Nur 20 % stimmten für Birmingham. 2017 war dieser Vorsprung dann aber bereits auf nur zwei Prozent geschrumpft.

Bis zum Zweiten Weltkrieg war Birmingham jedoch ganz eindeutig die wichtigste britische Stadt nach London und auch eine der wohlhabendsten Städte im Vereinigten Königreich. Noch 1961 lag das **Einkommen** in Birmingham 13 % über dem britischen Durchschnitt, noch einiges höher sogar als im reichen London. In den kommenden Jahren sollte die Regierung in Westminster dann aber mehrere Gesetze verabschieden, die dem Boom in den Midlands Einhalt zu gebieten versuchten. Man hatte Angst, dass die Wirtschaftskraft Birminghams immer weiter zunehmen könnte, während es mit den ärmeren Regionen in Nordengland bergab ginge. Der sogenannte **West Midland Plan** von 1951 machte zur Bedingung, die Bevölkerung Birminghams bis 1960 um 220.000 Menschen zu reduzieren und einen Teil der Industrie in ärmere Regionen zu verlegen. Eine Idee, die einem heute wahnsinnig vorkommen mag, aber dennoch in die Tat umgesetzt wurde. Und so war es kaum erstaunlich, dass es in den folgenden Jahrzehnten mit der Wirtschaft der Stadt stark bergab ging, zumal die Industrie in den 1970er-Jahren in ganz Großbritannien stark schwächelte.

Erst in den **1990er-Jahren** begann ein Umdenken im Londoner Parlament und die Regierung stellte wieder vermehrt Gelder für Regionen außerhalb Londons bereit. Heute hat Birmingham die Krise der Nachkriegszeit längst überwunden und die vielen Baukräne in der Innenstadt zeugen von dem gesunden Wachstum der letzten Jahre.

Im Jahr 2015 ernannte der Reisebuchverlag Rough Guides Birmingham zu einer der zehn Städte in der Welt, die man unbedingt mal gesehen haben muss. Auch wenn sich die Zahl der Touristen seitdem mehr als verdoppelt hat, ist die Metropole der Midlands noch weit davon entfernt, eine Touristenhochburg zu sein. Wer London kennt, wird überrascht sein, **wie gemächlich es in der Stadt zugeht**, wie wenig Gedränge es in den öffentlichen Verkehrsmitteln gibt und

▷ *Der Victoria Square* ❸ *ist ein beliebter Treffpunkt der „Brummies"* wie viel Zeit die Einheimischen für einen kleinen Plausch haben. Birmingham ist groß genug, um genug Unterhaltungsmöglichkeiten für viele Wochen zu bieten, aber klein genug, um dabei freundlich und bodenständig zu bleiben.

Und freundlich und unprätentiös, das sind die **Bewohner Birminghams** ganz ohne Zweifel. Ob in der Straßenbahn oder im Pub, ob Jung oder Alt, ob mit oder ohne Migrationshintergrund: Fast ausnahmslos wird man als Besucher von den **Brummies** mit viel **Wärme und Herzlichkeit** willkommen geheißen. Fragt man einen Einheimischen nach dem Weg, kann es schon mal vorkommen, dass man gleich persönlich zum Ziel gebracht wird. Auch eine gewisse **Bescheidenheit** wird den Brummies nachgesagt. Der irische Komiker Dara O'Brien sagte einmal, dass Irland ein kleines Land sei, dass sich selbst immer großrede, während Großbritannien ein großes Land sei, dass sich selbst gern kleinrede. In vieler Hinsicht trifft dies auch auf Birmingham zu: Birmingham ist eine großartige Stadt, die dazu neigt, sich selbst nicht so

KURZ & KNAPP

Die Brummies

Brummies? Ja, so nennt man die **Einwohner Birminghams,** deren Heimatstadt auch unter dem Spitznamen „Brum" bekannt ist, tatsächlich. Brum soll vom offiziellen Namen des Birminghamer Akzents, **Brummagem,** abgeleitet sein, der wiederum auf eine frühere Form des Stadtnamens, Bromwicham, zurückgehen soll. Vielleicht erklärt sich der Spitzname aber auch ganz einfach dadurch, dass der Name der Stadt, wenn man ihn nur schnell genug vor sich hin sagt, sich tatsächlich eher wie Brum anhört.

ernst zu nehmen und sich kleinzumachen. Kaum jemand in England, geschweige denn im Ausland, weiß von den hervorragenden Errungenschaften der Brummies, von der Verbindung zu **J.R.R. Tolkien** (s. S. 105) und der großen Bedeutung der Stadt während der Industriellen Revolution. Die Brummies lieben ihre Heimat über alles, aber sie machen nicht viel Aufhebens um sie – und gerade das macht die Stadt und ihre Einwohner so sympathisch.

Jung und bunt

Birmingham gilt als **jüngste Groß-stadt Europas.** 40 % der Einwohner sind unter 25 Jahre alt – also fast doppelt so viele wie im ebenfalls als jung geltenden Berlin. Und wo junge Leute sind, da bleiben auch der Optimismus, der Sinn für Spaß und die **Experimentierfreude** nicht lange aus. Wer auf ein aufregendes Nachtleben, gewagte Kunst und innovative Ideen aus ist, wird in Birmingham nicht lange suchen müssen.

Die englische Metropole gilt auch als eine der **ethnisch vielfältigsten Städte Europas:** Rund 46,9 % der Brummies haben einen Migrationshintergrund und bei einem kurzen Spaziergang durch die Innenstadt wird einem schnell klar, wie bunt und vielfältig die Stadt wirklich ist: Hautfarbe oder Kleidung spielen in dieser Weltstadt zumindest an der Oberfläche keine große Rolle.

Schon seit Jahrhunderten gilt Birmingham als eine **Stadt der Einwanderer:** Bereits zu Beginn der Industriellen Revolution zog es viele Auswärtige in die Stadt, um in den neu eröffneten Fabriken Arbeit zu finden. Im 19. Jahrhundert waren es vor allem Iren, die vor der Hungersnot in ihrem Heimatland nach Birmingham flohen und bald 4 % der Stadtbevölkerung ausmachten.

Noch heute weist vieles auf die **irische Herkunft vieler Brummies** hin: So findet in der Stadt jeden März die größte europäische St-Patrick's-Day-Parade außerhalb Dublins statt und der Stadtteil südlich von Digbeth wird noch immer als das „Irish Quarter" bezeichnet.

Nach dem Zweiten Weltkrieg und mit dem damit einhergehenden Arbeitermangel begann eine große **Ein**wanderungswelle aus den Staaten des Commonwealth. Besonders aus der Karibik, aus Pakistan und Indien kamen Tausende von Menschen auf der Suche nach einem besseren Leben in die West Midlands. 13,5 % der heutigen Bewohner Birminghams haben Wurzeln in Pakistan, 6 % in Indien, 22 % sind Muslime. Als der Nachrichtensprecher Steven Emerson vom amerikanischen Fernsehsender Fox News 2015 behauptete, dass es in Großbritannien ganze Städte gäbe, die völlig in muslimischer Hand seien und die von Nicht-Muslimen nicht betreten werden könnten, nannte er als Beispiel Birmingham. Die Brummies konnten darüber nur lachen.

Ihre Reaktion fiel typisch britisch aus: Mit viel schwarzem Humor verspotteten sie Emersons Äußerung auf Twitter unter dem Hashtag „#FoxNewsFacts." Da sah man dann den Fernsehturm Birminghams mit der Unterschrift „Birminghams Moschee ist eine der höchsten und heiligsten im ganzen Islam" oder ein Bild der Queen mit Kopftuch, das sie schon seit Jahrzehnten gern trägt, und dem dazugehörigen Tweet „Wegen dem in Großbritannien herrschenden Scharia-Recht muss die Königin jetzt einen Hijab tragen." Emerson entschuldigte sich später bei den Einwohnern Birminghams, gab zu, dass seine Behauptung völliger Unsinn gewesen war, und spendete als Zeichen der Reue Geld an das städtische Kinderkrankenhaus.

Allerdings sieht natürlich auch in Birmingham das Zusammenleben der Menschen unterschiedlicher Herkünfte nicht immer nur rosig aus. So versuchten zum Beispiel vor dem Referendum bezüglich des Ausstiegs aus der EU viele Politiker, **Misstrauen gegenüber Einwanderern** zu sähen, diesmal nur nicht gegenüber Muslimen, sondern auch EU-Bürgern – ein künstlich erzeugtes Misstrauen, das vorher in England kaum existiert hatte.

Beim Referendum **stimmte Birmingham** als einzige Großstadt Großbritanniens **für den Brexit,** wenn auch nur mit einer sehr knappen Mehrheit von 3800 Stimmen. Viele wunderten sich, warum gerade eine so weltoffene, multikulturelle Stadt für einen Ausstieg aus der EU gestimmt hatte. Eine Theorie besagt, dass gerade die schon sesshaft gewordenen Einwanderer sich bedroht fühlten von den neu ankommenden billigen Arbeitskräften und sie es als ungerecht betrachteten, dass Bürger aus EU-Ländern uneingeschränkt ihre Familien nachholen konnten, während dies für Menschen aus den Commonwealth-Ländern mit großen Schwierigkeiten verbunden ist.

Aber auch die Labour-Politikerin Gisela Stuart, eine gebürtige Bayerin, warb in ihrem Wahlbezirk Edgbaston im Süden Birminghams für den Brexit. Obwohl sie selbst von der Personenfreizügigkeit profitiert hatte, plädierte sie nun für deren Abschaffung. Noch bleibt abzuwarten, welchen Einfluss der geplante Brexit sowohl wirtschaftlich als auch kulturell auf Birmingham haben wird. Glaubt man den sogenannten *Brexiteers,* steht England eine neue Blüte und eine regelrechte Renaissance bevor. Glaubt man den *Remainern,* so kann es mit Großbritannien nach dem Brexit nur stark bergab gehen. Die nächsten Jahre werden, in diesem Punkt zumindest stimmen allerdings fast alle überein, sehr entscheidend werden, nicht nur für Birmingham, sondern für das gesamte Königreich Großbritannien.

Auf den Spuren J.R.R. Tolkiens

Kein anderer Ort prägte den Autor J.R.R. Tolkien so sehr wie Birmingham, wo er seine Kindheit und Jugend verbrachte. Noch heute kann man viele Stellen besichtigen, die als Inspiration für seine unvergesslichen Geschichten dienten.

John Ronald Reuel Tolkien kam am 3. Januar 1892 in Bloemfontein in Südafrika als erstes Kind von Arthur Reuel Tolkien und Mabel Suffield zur Welt. Tolkiens Eltern stammten beide aus Birmingham, waren aber nach Afrika gezogen, weil sich der Bankier Arthur dort gute Karrierechancen erhoffte. Väterlicherseits hatten die Tolkiens laut einer Familienlegende Wurzeln in Niedersachsen oder Hamburg, von wo aus sie 1756 während des Siebenjährigen Kriegs nach England geflohen waren.

Ronald war gerade erst drei Jahre alt, als seine Mutter auf einer Reise mit ihm und seinem Bruder Hilary nach England ein Telegramm aus Südafrika erhielt: Arthur Tolkien war mit nur 39 Jahren ganz plötzlich an rheumatischem Fieber gestorben. Eine Rückkehr nach Südafrika war für Mabel und die Kinder finanziell nicht möglich, sie kamen also vorerst bei Verwandten in Birmingham unter.

1896 zog Mabel mit den beiden Jungen nach **Sarehole,** einem damals sehr ländlichen Vorort Birminghams, wo sie die nächsten vier Jahre in der 264 Wake Green Road verbringen sollte. Tolkien beschrieb diese Zeit später als die schönste in seinem Leben und Sarehole als Inspiration für das idyllische **Auenland** im „Herr der Ringe". Der Name **Mittelerde** für Tolkiens fiktive Welt war sicherlich auch kein Zufall: So liegen Sarehole und Birmingham doch in der Region Midlands, dem Land in der Mitte eben. Das unscheinbare Doppelhaus in der Wake Green Road, das heute in Privatbesitz ist, steht im heutigen Vorort Hall Green, aber damals war es nur eines von wenigen Häusern an einem kaum befahrenen Sträßchen, das nur ab und zu von einem Pferdekarren passiert wurde.

Ronald und Hilary spielten oft im **Moseley Bog**, einem Wald- und Feuchtgebiet mit uralten Bäumen, in deren knorrigen Stämmen man mit etwas Fantasie schon mal ein Gesicht zu erkennen meint. Auch die **Sarehole Mill** 39 diente den Jungen als Spielplatz. Der griesgrämige, meist mit Mehl bestaubte Sohn des Müllers scheuchte die beiden Jungen oft davon, was ihm bald den Spitznamen „Weißes Ungeheuer" einbrachte. Hobbit-Liebhaber erkennen in ihm vielleicht Timm Sandigmann von der Alten Mühle in Hobbingen wieder. Folgt man dem Verlauf des Flüsschens Cole entlang eines Fußwegs von der Mühle Richtung Norden bis zur Green Road, kommt man zu einer Furt, wo noch heute die Straße mitten durch den flachen Fluss führt. Gut möglich, dass Tolkien eben diesen Ort in Erinnerung hatte, als Frodo den Schwarzen Reitern an einer Furt über den Fluss Bruinen entkommt, als eine große Flutwelle die Pferde ertränkt.

Die Zeit in Sarehole entfachte in Tolkien eine große Liebe zur Natur. Als alter Mann erinnerte er sich später daran, wie in seiner Kindheit eine alte Weide an der Sarehole Mill gefällt wurde, nur um dann ungenutzt zu verfaulen. Diese unsinnige Zerstörung und die **fortschreitende Industrialisierung Birminghams,** die auch bald das idyllische Sarehole erfassen sollte, sind eines der großen Themen in Tolkiens Werk. Während Tolkien

⌂ Der Chamberlain Tower an der University of Birmingham – eine Inspiration für Saurons Turm?

der Industrialisierung hilflos gegenüberstand, bekommen die Bäume im „Herr der Ringe" ihre Rache: Als der Zauberer Saruman beginnt, den Fangornwald abzuholzen, um damit seine Schmiedeöfen zu feuern, zerstören die Baumhüter Ents die Burg Sarumans und setzen so dem Abholzen ein Ende.

Das Jahr 1900 sollte Tolkiens idyllischem Landleben ein Ende setzen, denn er wurde an der **King Edward's School** im Zentrum Birminghams eingeschult. Von Sarehole aus war sie nur schwer zu erreichen und so zog die Familie in die 214 Alcester Road im nahe am Stadtkern gelegenen **Moseley.** Moseley mag zwar nur wenige Kilometer von Sarehole entfernt liegen, doch der Kontrast hätte nicht größer sein können. Das neue Haus der Familie Tolkien stand an einer vielbefahrenen Straße mit Blick auf die Schornsteine von Birmingham und grenzte zudem noch an eine Bahnstrecke, auf der die schweren Güterzüge zwischen Birmingham und Wales verkehrten. Der junge Tolkien war entsetzt. Aber auch in diesem städtischen Milieu sollte er Inspiration für seine späteren Bücher finden: Die Züge mit ihren Aufschriften in der **walisischen Sprache** mit ihren vielen Ys und Doppel-Ls faszinierten ihn so sehr, dass er bald begann, die alte keltische Sprache zu lernen. Überhaupt war Tolkien schon von klein auf von **Linguistik** fasziniert und er begann bald, seine eigenen Sprachen zu erfinden.

Die Tolkiens blieben nicht lange in Moseley. Zum Entsetzen ihrer streng protestantischen Verwandten entschloss sich Mabel, **der katholischen Kirche beizutreten.** Die Tolkiens zogen in ein Reihenhaus in der 86 Westfield Road in **Kings Heath,**

um näher an der St Dunstan Church zu sein, wo Mabel so oft wie möglich den Gottesdienst besuchte. Doch auch hier blieben sie nur einige Monate: Mabel fand eine Kirche, die ihr besser gefiel – das **Birmingham Oratory**  in **Edgbaston.** Die Familie zog daraufhin in die dortige Oliver Road (das Haus steht heute nicht mehr).

Die Oratorianerkirche wurde schnell zu einem der Angelpunkte im Leben von J.R.R. Tolkien. Er besuchte die zugehörige Schule und half als **Messdiener** beim Gottesdienst aus. **Pfarrer Xavier Francis Morgan** wurde bald zu einem guten Freund der Familie.

1904 erkrankte Mabel an Diabetes, wofür es damals noch keine Behandlungsmöglichkeiten gab, und starb nur wenige Monate später. Ronald war mit nur zwölf Jahren ein Waisenkind. Vor ihrem Tod hatte Mabel Pfarrer Morgan zum Vormund ihrer Söhne ernannt und der Pater sollte sich für den Rest seines Lebens rührend um die beiden kümmern. Für die nächsten vier Jahre kamen Ronald und Hilary bei ihrer Tante Beatrice in der Stirling Road gleich um die Ecke vom Oratorium unter. Wer sich heute auf die Suche nach dem Haus macht, dem fällt sofort eines auf: die beiden hohen, in der Dämmerung recht bedrohlich wirkenden Türme, die zwischen dem Oratorium und der Stirling Road in den Himmel ragen. Der 30 m hohe **Perrot's Folly** wurde 1758 von John Perrott als Teil eines Jagdschlosses gebaut, der andere Turm gehörte früher zu einem Wasserwerk. Es ist gut möglich, dass sie die Inspiration für Minas Morgul und Minas Tirith, die beiden Türme, nach dem der zweite Band des „Herr der Ringe" („Die zwei Türme") benannt ist, waren.

Gegenüber dem Haus in der Stirling Road wohnte damals die Witwe von **Dr. Sampson Gamgee**, einem berühmten Arzt aus Birmingham. Wohl kaum ein Zufall: In der englischsprachigen Fassung des Herrn der Ringe heißt Frodos Gefährte Sam ebenfalls mit Hausnamen Gamgee.

1908 zogen die Jungen ein weiteres Mal um, diesmal in eine Pension in der Duchess Road. Hier sollte der sechzehnjährige Tolkien die drei Jahre ältere **Edith Bratt** kennenlernen, mit er bald lange Spaziergänge um das Edgbaston Reservoir und in die nahen Lickey Hills machte. Father Morgan war von der Romanze alles andere als begeistert und verbat Ronald bis zu seinem 21. Geburtstag jeglichen Kontakt mit ihr.

Die Jungen mussten wieder umziehen, wiederum gleich um die Ecke in die Highfield Road. Eine blaue Plakette erinnert dort heute an ihren Aufenthalt. Sobald er volljährig wurde, heiratete Tolkien Edith in der St Mary's Church in Warwick. Von nun an sollten die beiden den größten Teil ihres Lebens in **Oxford** verbringen, wo Tolkien eine Professur in Anglistik annahm.

Tolkien kehrte aber oft in seine Heimatstadt zurück. Bevor er im **Ersten Weltkrieg** an die Front musste, verbrachten Edith und er eine Nacht im **Plough and Harrow Hotel** gegenüber dem Oratorium. Auch hier erinnert natürlich eine Plakette an ihren Aufenthalt.

Der Krieg sollte Tolkien schwer zusetzen. Kaum einer seiner Freunde überlebte die Schlacht an der Somme und er selbst infizierte sich mit **Fleckfieber**. 1916 wurde er in ein Militärkrankenhaus in Edgbaston verlegt, mit Blick auf den riesigen Chamberlain-Turm, der mit seinem nachts erleuchteten Zifferblatt noch heute die Universität überragt. Vielleicht war auch er eine weitere Inspiration für den dunklen Turm von Mordor?

Eins ist sicher: Ihre Wurzeln haben die Geschichten um Frodo und seine Gefährten keineswegs an einem abenteuerlichen Ort wie etwa Neuseeland, sondern hier, in den Vororten Birminghams.

Besuchenswerte Orte für Tolkien-Fans

In Sarehole

❯ Anfahrt mit Buslinie 5, 11A, 11C bis Sarehole Mill oder mit dem Zug von Birmingham Moor Street bis Hall Green

● **120** [ek] **Furt über den Fluss Colne,** Green Road

● **121** [ek] **Moseley Bog**, Eingang Pensby Close, www.birmingham.gov.uk/moseleybog, rund um die Uhr geöffnet

39 [ek] **Sarehole Mill**

● **122** [ek] **Tolkiens Haus in Sarehole,** 264 Wake Green Road, Hall Green

In Edgbaston

❯ Anfahrt mit Buslinien 9 oder 126 bis Plough and Harrow

● **123** [bh] **4 Highfield Road,** Tolkiens letztes Zuhause in Birmingham

● **124** [bh] **25 Stirling Road,** Tolkiens Unterkunft nach dem Tod seiner Mutter

27 [bh] **Birmingham Oratory**

● **125** [bh] **Perrott's Folly und Waterworks Tower,** Waterworks Road

🏠 **126** [bh] **The Plough and Harrow Hotel,** 135 Hagley Road, www.ploughandharrowhotel.co.uk.

An der University of Birmingham

❯ Anfahrt mit dem Zug von Birmingham New Street bis University

● **127** [bj] **Chamberlain Tower,** gleich neben dem Barber Institute of Fine Arts **29**

PRAKTISCHE REISETIPPS

An- und Rückreise

Mit dem Flugzeug

Der Birmingham Airport liegt dreizehn Kilometer östlich des Stadtzentrums und ist sehr gut an den öffentlichen Verkehr angebunden. Er wird von Lufthansa, Swiss und vielen Billigfluglinien bedient.

●**128** Birmingham Airport,
www.birminghamairport.co.uk

Die kostenlose Bahn **AirRail Link** verbindet den Flughafen mit dem nur wenige Minuten entfernten Bahnhof **Birmingham International**. Die AirRail Link fährt von 3.30 bis 0.30 Uhr alle paar Minuten. In der übrigen Zeit wird sie von einem kostenlosen Bus ersetzt. Vom Bahnhof Birmingham International gibt es rund alle zehn Minuten eine Verbindung zum **Hauptbahnhof New Street** [D4]. Die Fahrt dauert 10 bis 15 Minuten und kostet £ 3,70.

Alternativ fahren die **Buslinien X1 und 97/97A** rund um die Uhr die Innenstadt an, tagsüber etwa alle 15 Minuten, nachts stündlich. Beide Buslinien halten außerhalb des Einkaufszentrums Bullring (s. S. 85), wenige Minuten vom Hauptbahnhof entfernt. Die Fahrt dauert zwischen 30 und 40 Minuten und kostet £ 2,40, zahlbar beim Fahrer. (Busfahrer dürfen kein Wechselgeld geben, daher bitte den Fahrpreis passend zahlen.)

In der Ankunftshalle des Flughafens findet sich ein Informationsschalter, an dem man weitere Auskünfte bekommt.

Wer lieber mit dem **Taxi** fahren will, sollte mit einem Fahrpreis von rund £ 30 rechnen. Außerdem finden sich am Flughafen alle gängigen **Mietwagenfirmen.**

Mit dem Auto

Für Autofahrer ist es am günstigsten, entweder mit der **Fähre von Calais nach Dover** oder durch den **Eurotunnel von Calais nach Folkstone** anzureisen. Die Fahrt durch den Tunnel fällt normalerweise etwas billiger aus als das Übersetzen mit der Fähre. Für die Fahrt von Dover bzw. Folkstone bis Birmingham sollte man etwa 4 Std. einkalkulieren.

❯ www.eurotunnel.com
❯ www.poferries.com
❯ www.dfdsseaways.co.uk

Mit dem Zug

Um Birmingham mit dem Zug zu erreichen, fährt man am besten über **Brüssel-Midi,** von wo aus der **Eurostar** durch den Tunnel zum Bahnhof **St Pancras in London** fährt. Ticketpreise starten ab 45 Euro für eine einfache Fahrt.

Vom Bahnhof St Pancras führt ein gut ausgeschilderter, etwa zehnminütiger Fußweg zum Londoner **Bahnhof Euston,** von wo aus Züge der Gesellschaften Virgin Trains und London Midland direkt nach Birmingham New Street fahren. Auf den Websites der beiden Gesellschaften findet man bei früher Buchung oft günstige Angebote. Preise starten ab £ 8 für eine einfache Fahrt, verteuern sich aber um ein Vielfaches, wenn man die Tickets erst am Reisetag oder kurz davor kauft. Die Fahrzeit beträgt zwischen 1 Std. 20 Min. und 2 Std. 20 Min.

▢ *Willkommen in Birmingham – der Hauptbahnhof New Street*

◁ *Vorseite: Es gibt sie noch, die alten roten Telefonzellen*

Auskünfte über Preise und aktuelle Spartarife erhält man in den Reisezentren der Bahnunternehmen oder online auf der Website von National Rail, dem Dachverband aller Bahngesellschaften Großbritanniens:

> **National Rail:** www.nationalrail.co.uk:
> **London Midland:**
> www.londonmidland.com
> **Virgin Trains:** www.virgintrains.co.uk
> **Eurostar:** www.eurostar.com

Mit dem Bus

Wer nicht vor der **recht langen Fahrt** zurückschreckt, kann oft sehr günstige Busverbindungen nach Birmingham finden. Die Busse der Gesellschaft **Eurolines** fahren bis zum Busbahnhof **Victoria Coach Station** in **London,** von wo aus der britische **National Express** einen Anschluss nach Birmingham anbietet. Die Fahrtzeit von London aus dauert etwa 2½ bis 3 Std. (Tickets ab £ 4). Die National-Express-Busse halten an der Birmingham Coach Station in Digbeth.

> **Eurolines Deutschland:** www.touring.de
> **Eurolines Österreich:** www.eurolines.at
> **Eurolines Schweiz:**
> www.alsa-eggmann.ch

> **National Express,** www.nationalexpress. com, innerhalb Großbritanniens Tel. 08457484950, aus dem Ausland Tel. +44 2072785240
> ●129 [F5] **Birmingham Coach Station,** Mill Lane, Digbeth, Birmingham B56DD

Autofahren

Für einen Trip nach Birmingham ist ein Auto nicht notwendig. Das öffentliche Verkehrsnetz ist gut ausgebaut und alle Sehenswürdigkeiten sind problemlos mit Bus oder Bahn zu erreichen. Wer trotzdem mit Auto anreist, sollte in Erwägung ziehen, in einem der **Hotels** oder einer der **Pensionen außerhalb des Stadtzentrums** unterzukommen, denn die Navigation der Innenstadt Birminghams ist wegen **langfristigen Umbauarbeiten** und den daraus resultierenden **Umleitungen** nicht immer einfach. Auch verlangen die meisten Hotels in der Innenstadt hohe Parkgebühren von bis zu £ 15 pro Tag.

Zu den günstigsten **Parkhäusern** zählen der **Town Hall Car Park,** wo das Parken für zwei Stunden £ 3 kostet und ein weiteres Pfund für jede weitere Stunde. Auch für Wohnmobile geeignet ist der ebenerdige **Fazeley Street Car Park**, wo ein bis zwei Stunden £ 2,50 kosten, zwei bis fünf Stunden £ 4, und ganztägiges Parken am Sonntag £ 3. Günstig ist auch der **Jewellery Quarter Multi-Storey Car Park**. Hier kostet das Parken £ 2,20 für drei Stunden und nur £ 5 für zehn Stunden.

🏠**130** [F4] Fazeley Street Car Park, Seymor Street, B55SE

🏠**131** [B1] Jewellery Quarter Multi-Storey Car Park, 103 – 104 Vyse Street, B186LP

🏠**132** [D4] Town Hall Car Park, Brunel Street, B11TA

In England herrscht **Linksverkehr** und **gestrichelte Doppellinien** und das Schild „**Give Way**" bedeuten, dass man Vorfahrt geben muss.

Auf Autobahnen und zweispurigen Landstraßen beträgt die **Geschwindigkeitsbegrenzung** 70 mph (112 km), auf einspurigen Landstraßen 60 mph (96 km) und in Ortschaften und der Stadt 30 mph (48 km). Es gilt jeweils die Anweisung auf den Straßenschildern.

Die **Alkoholgrenze** liegt bei 0,8 ‰ und die Benutzung von **Handys am Steuer** ist strikt verboten. Doppelte gelbe Linien am Straßenrand bedeuten absolutes **Halteverbot**, eine einzelne Linie bedeutet eingeschränktes Halteverbot. **Falschparkern** droht eine Parkkralle, was sehr teuer werden kann.

Bleifreies Benzin heißt *unleaded petrol* und kostet etwa £ 1,15, **Diesel** ca. £ 1,20 pro Liter – Großbritannien ist eines der wenigen Länder, wo Diesel mehr kostet als Benzin.

Für den Fall einer **Panne** sollte man sich rechtzeitig um einen **Auslandsschutzbrief** kümmern. Die europäischen Automobilklubs haben meist ein Abkommen mit den zwei größten britischen Verkehrsvereinen AA und RAC.

Bei einem **Unfall**, an dem andere Fahrzeuge beteiligt sind, sollte man sich den Namen, die Adresse, das Kfz-Kennzeichen und die Autoversicherung der anderen Fahrer notieren. Jeder Unfall sollte innerhalb von 24 Stunden bei der Polizei unter der **Non-Emergency Number 101** gemeldet werden. Wenn jemand verletzt ist oder die Straße blockiert wird, ruft man den **Notruf unter Tel. 112**.

❯ **AA**, Pannenhilfe-Tel. 0800 887766
❯ **RAC**, Pannenhilfe-Tel. 0800 828282

Barrierefreies Reisen

Menschen mit besonderen Bedürfnissen können sich in Birmingham gut aufgehoben fühlen. Die meisten Sehenswürdigkeiten sind sehr gut auf Rollstuhlfahrer und Menschen mit Hör- oder Sehschäden eingestellt. Alle **öffentlichen Verkehrsmittel** wurden in den letzten Jahren umgerüstet, sodass sie nun für Rollstuhlfahrer zugänglich sind. So müssen seit 2017 alle Busse und Straßenbahnen entweder eine Rampe mitführen oder eine „Kneeling"-Funktion haben, sich also zum Bordstein herabsenken können, um das Ein- und Aussteigen zu erleichtern.

Für Sehbehinderte gibt es an allen Fußgängerüberwegen **Tastpflaster** und **piepsende Ampeln**. Leider werden weder in Regionalzügen noch in Bussen die Stationen angesagt, jedoch kann man sich zumindest in Bussen auf die Hilfe der meist sehr freundlichen Fahrer verlassen. Bei Zugfahrten bieten alle Zuggesellschaften kostenlose Hilfestellung für Sehbehinderte, was allerdings im Voraus bei den jeweiligen Gesellschaften gebucht werden muss.

Weitere Informationen zu **barrierefreien Hotels** und der Zugänglichkeit von individuellen Sehenswürdigkeiten findet man auf der Website von **Accessible Birmingham.**

❯ Accessible Birmingham, www.visit birmingham.com/travel/accessible-birmingham

Unter den Links „Accessibility" oder „Access for All" findet man außerdem auf den Websites praktisch jeder **Touristenattraktion** ebenfalls Hinweise für Menschen mit einer Behinderung.

Diplomatische Vertretungen

❯ Botschaft der Bundesrepublik Deutschland, 23 Belgrave Square/Chesham Place, London, SW1X 8PZ, Tel. +44 (0)20 78241300, www.london.diplo.de
❯ Österreichische Botschaft, 18 Belgrave Mews West, London, SW1X8HU, Tel. +44 (0)20 73443250, https://www.bmeia.gv.at/oeb-london
❯ Schweizer Botschaft, 16–18 Montagu Place, London, W1H2BQ, Tel. +44 (0)20 76166000, www.eda.admin.ch/london

Ein- und Ausreisebestimmungen

Trotz des **Brexit-Votums** bleibt Großbritannien bis zum 29. März 2019 volles Mitglied der Europäischen Union. Die Einreisebestimmungen ändern sich bis dahin nicht und EU-Bürger benötigen weiterhin nur einen **Personalausweis** oder **Reisepass** für die Einreise. Wie die Bestimmungen nach dem erfolgten Austritt aus der EU aussehen werden, ist noch nicht abzusehen. Aktuelle Einreisebestimmungen werden auf der Website der britischen Regierung veröffentlicht.

❯ www.gov.uk/uk-border-control

Elektrizität

Die elektrische Spannung in Großbritannien beträgt **240 Volt**, deutsche Geräte funktionieren dabei problemlos. Allerdings benötigt man einen **dreipoligen Adapter**, den man in den meisten Geschäften, die Haushaltswaren führen, findet. Die meisten Steckdosen haben einen An-/Aus-Schalter.

Geldfragen

Die Währung Großbritanniens ist das **Pfund Sterling.** Ein Pfund (umgangssprachlich: „a quid") entspricht dabei 100 Pennies.

In Großbritannien wird sehr viel häufiger **mit Karte gezahlt** als im deutschsprachigen Raum. In den meisten größeren Geschäften und Pubs sowie Restaurants gibt es kontaktlose Bezahlung, für die man seine Giro- oder Kreditkarte nur sekundenlang an ein Kartenlesegerät hält. Wer keine dafür geeignete Karte besitzt (erkennbar an einem Funksymbol in der Ecke), kann auch überall weiterhin mit PIN-Eingabe oder bar bezahlen.

Wechselkurs
(Stand: Februar 2018)

£ 1	1,13 €/1,33 SFr
1 €	£ 0,88
1 SFr	£ 0,76

Birmingham preiswert

Seit dem Brexit-Referendum hat die britische Währung stark an Wert verloren, sodass eine Reise nach England für EU-Bürger nun im Vergleich zu früher recht günstig ausfällt. Sowieso ist Birmingham im Vergleich zu anderen britischen Städten ein günstiges Reiseziel und der **Eintritt in viele der Hauptsehenswürdigkeiten** *wie das Birmingham Museum and Art Gallery* **5** *oder das Barber Institute of Fine Arts* **29** *ist kostenlos.*

Wer **klassische Musik** *mag, kann bei den* **kostenlosen Mittagskonzerten** *im Barber Institute of Fine Arts zuhören und in der Town Hall* **4** *und der Symphony Hall (s. S. 82) finden mittags regelmäßig* **kostenlose Jazzkonzerte** *statt.*

Mit der **Independent Birmingham Card** *(£ 15 für eine Person bzw. £ 20 für zwei) bekommt man Ermäßigungen von bis zu 20 % in vielen Restaurants, Bars, Läden und Theatern. Die Karte ist online unter www.independent-birmingham.co.uk erhältlich.*

In **Banken** oder an **Geldautomaten** (*cash machines* oder *ATM* genannt) kann man mit der EC-, VPAY- oder Kreditkarte **Bargeld abheben**. Die Gebühren sind jeweils vom Geldinstitut abhängig. Beim Abheben von Bargeld in Landeswährung wird manchmal angeboten, dass die Abrechnung mit dem eigenen Konto in Euro erfolgen kann. Das Verfahren ist als **Dynamic Currency Conversion (DCC)** bekannt. Wählt man diese Option, die ja sicherer erscheint, wird aber ein ungünstiger Wechselkurs zugrunde gelegt, der erhebliche Kosten verursachen kann. Deshalb sollte man Abhebungen immer in der Landeswährung vom eigenen Konto abbuchen lassen. Dann legt die eigene Bank den offiziellen Devisenkurs zugrunde.

Hunde

Die Briten sind bekannt für ihre Tierliebe und Hunde werden in vielen Hotels und Pensionen gern gegen eine geringe Gebühr aufgenommen (vor der Buchung anfragen). Für die Einreise benötigt jeder Hund einen Microchip und einen EU-Heimtierausweis mit gültigen Impfbescheinigungen, z. B. gegen Tollwut. Außerdem müssen Hunde frisch gegen Bandwürmer geimpft und der Nachweis dafür muss in den entsprechenden Papieren eingetragen sein. Für einige Kampfhunderassen herrscht Einreiseverbot.

Hundekot sollte unbedingt in einem der zahlreichen für diesen Zweck aufgestellten Abfallbehältern entsorgt werden, da sonst eine Strafe von £ 80 droht.

❯ Weitere Infos zur Einreise:
www.gov.uk/take-pet-abroad

Informationsquellen

Infostellen zu Hause

Das britische Fremdenverkehrsamt Visit Britain gibt auf seiner Website Auskunft zu allen Aspekten eines England-Urlaubs.
❯ www.visitbritain.com

▷ *In der Library of Birmingham* **8** *liegen Prospekte für Touristen aus*

Infostellen in der Stadt

Überraschenderweise hat die Millionenstadt Birmingham **keine einzige Touristeninformation**. Sie wurden leider alle in den letzten Jahren im Zuge von Sparmaßnahmen geschlossen. Allerdings kann man auf der **Website von Visit Birmingham** etliche Karten und Informationen herunterladen, und im Foyer der Library of Birmingham ❽ liegen viele Prospekte für Besucher aus.

Das kleine **Birmingham Travel Information Centre** (s. S. 130) findet sich im Hauptbahnhof New Street am Ausgang zur Stephenson Street. Hier bekommt man Fahrplanauskünfte und kann Tickets für Busse und Straßenbahnen kaufen.

Den gleichen Service bietet der **National Express West Midlands Travel Shop** (s. S. 130). Wer sich für Spaziergänge entlang der Kanalpfade interessiert, bekommt am **Canal Visitor Information Centre** etliche kostenlose Karten und anderes Infomaterial.

Tickets für Events in Birmingham können über die Website von **Ticketmaster** gebucht werden.

❭ Visit Birmingham,
www.visitbirmingham.com
❶133 [B4] **Canal Visitor Information Centre**, 22 Cambrian Wharf, King Edwards Road, B12AN, Mo.–Fr. 8.30–16 Uhr
❭ **Ticketmaster**, www.ticketmaster.co.uk

Die Stadt im Internet

❭ www.visitbirmingham.com: Die Website des Tourismusverbands der Stadt bietet Infos zu Sehenswürdigkeiten, aktuellen Veranstaltungen, Hotels und Restaurants.

❭ www.visitheartofengland.com: Auf der offziellen Website der Region „Heart of England", die Birmingham und Umgebung mit einschließt, findet man Infos zu Veranstaltungen und Unterkünften sowie Ermäßigungen.

❭ www.ichoosebirmingham.com: Das Lifestyle-Online-Magazin berichtet über Veranstaltungen und interessante Neueröffnungen in Birmingham.

❭ www.lifebrum.co.uk: Auf dieser Seite findet man eine ausführliche Liste aller aktuellen Veranstaltungen.

❭ www.birminghamartmap.org: Auf einer interaktiven Karte werden Kunstausstellungen und Kultur-Events vorgestellt.

Infos für LGBT+

Birmingham gilt als eines der beliebtesten britischen Ziele für Schwule und Lesben. Das Herz des **Gay Village** ist die **Hurst Street** [D5–E6], wo sich etliche LGBT-Bars und Klubs aneinanderreihen. Besonders am Wochenende wird hier ausgelassen bis in die Morgenstunden gefeiert. Über Veranstaltungen, Ausgehtipps und Unterkünfte informiert die Website von **Visit Gay Brum.**

Am letzten Maiwochenende findet das **Pride Festival** mit einem bunten Umzug durch die Innenstadt statt. Die Kunst und Kultur der LGBT-Community wird im November beim **Shout Festival** gefeiert, das jährlich rund 300.000 Besucher anzieht.

> **Visit Gay Brum,** www.visitgaybrum.com

> **Birmingham Pride,** www.birminghampride.com

> **Shout Festival,** www.shoutfestival.co.uk

Bars, Klubs und Pubs

❼134 [E6] **The Fox,** 17 Lower Essex Street, Gay Village, B56SN, www.thefoxbar.co.uk. In der freundlichen Lesben-Bar ist abends ausgelassene Partystimmung angesagt. Im schönen Biergarten wird im Sommer oft bei Livemusik gegrillt.

❼135 [E6] **The Loft Lounge,** 143 Bromsgrove Street, B56RG, www.theloftbrum.co.uk. In der LGBT-Cocktailbar, wo auch gutes Essen serviert wird, geht es mittags und am frühen Abend ruhig und entspannt zu. Am späten Abend legen DJs auf und es herrscht Partystimmung.

❼136 [E6] **The Nightingale Club,** 18 Kent Street, B56RD, www.nightingaleclub.co.uk. Einer der größten und beliebtesten LGBT-Klubs Großbritanniens. Der bereits 1969 gegründete „Gale" gilt als Herzstück der Schwulen- und Lesben-Partyszene Birminghams.

❼137 [E6] **The Village Inn,** 152 Hurst Street, Gay Village, B56RY, www.villagebirmingham.co.uk. Der Schwulen-Pub ist berühmt für seine Travestieshows an jedem Freitagabend und die am Samstag stattfindende Klubnacht, bei der erst um 8 Uhr morgens die Türen schließen.

067

> www.digbeth.org: Der Blog berichtet über Veranstaltungen im Kreativviertel Digbeth.

> www.jewelleryquarter.net: Viele Infos über die Geschichte des Jewellery Quarters, aber auch Hinweise auf aktuelle Veranstaltungen, findet man auf dieser Website.

Publikationen und Medien

Landkarten

Die besten Karten für Birmingham sind in der **Serie A–Z Street Maps** von Geographers' A-Z Map Company Ltd (www.a-zmaps.co.uk) zu finden und bei den meisten Zeitungshändlern in verschiedenen Größen erhältlich. Für diejenigen, die Birmingham und Umgebung vor allem mit dem Rad oder zu Fuß erkunden wollen, ist die Karte **Birmingham Greenways** zu empfehlen, auf der alle Geh- und Radwege auch entlang der Kanäle verzeichnet sind.

> Watson, Roy: Birmingham Greenways, Heron Maps, 2015

Zeitungen

Die **Birmingham Mail** ist das bei weitem größte Lokalblatt der Stadt und wird in der gesamten Region West Midlands verkauft. Die Wochenzeitung **Birmingham Post** erscheint jeden Donnerstag und gehört dem gleichen Inhaber wie die Mail, konzentriert sich aber auf wirtschaftliche Themen.

> www.birminghammail.co.uk
> www.birminghampost.co.uk

*◁ Das Gay Village
präsentiert sich bunt*

Programmhefte

Das Heft „What's On Birmingham", in dem neben Lokalnachrichten die wichtigsten Veranstaltungen aufgelistet sind, liegt an vielen Orten der Stadt kostenlos aus, so z. B. in der Library of Birmingham ❽ und in den meisten Museen.

Smartphone-Apps

> **Dozen & Trails:** Die App der Library of Birmingham ❽ bietet Beschreibungen für sechs „Trails", also themenspezifische Wanderungen durch die Stadt an, z. B. zu Orten, die mit J.R.R. Tolkien in Verbindung stehen, oder zu den interessantesten Gebäuden Birminghams. Unter „Dozens" werden spannende Funde in der Blibliothek vorgestellt (kostenlos für Android und iOS).

> **Network West Midlands:** Die App des Dachverbands aller Nahverkehrsbetriebe in Birmingham und Umgebung informiert über Fahrpläne und Preise für Züge, Straßenbahnen und Busse und bietet zum Beispielt einen Routenplaner (kostenlos für Android und iOS).

> **Independent Birmingham:** Die App zeigt empfehlenswerte Restaurants, Cafés, Bars und Geschäfte in der Nähe an und weist außerdem auf Ermäßigungen mit der Independent Birmingham Card (s. S. 114) hin (kostenlos für Android und iOS).

> **Canal & River eNature Watch:** Die App eines gemeinnützigen Vereins, der sich um die Wasserwege in England kümmert, ist besonders für Kinder interessant. Hier kann man alle Lebewesen eingeben, die man an den Kanälen der Stadt entdeckt hat, und hilft so dem Verein, die Artenvielfalt zu prüfen und dadurch besser schützen zu können. Fotos helfen über eventuelle Sprachprobleme hinweg (kostenlos für Android und iOS).

Meine Literaturtipps

> Bryson, Bill, **Shakespeare – wie ich ihn sehe,** Goldmann Verlag, 2016. Eine unterhaltsame Einführung in das Leben des Dichters, der in Stratford-upon-Avon südlich von Birmingham geboren wurde.

> Chinn, Carl und Dick, Malcolm, **Birmingham: The Workshop of the World,** Liverpool University Press, 2016. Das englischsprachige Buch beschreibt ausführlich und spannend die Geschichte der Stadt.

> Fowler, Alys, **Hidden Nature: A Voyage of Discovery,** Hodder & Stoughton, 2017. Die Autorin hat mit dem Kanu die Kanäle Birminghams erkundet und so ihre Heimatstadt von einer ganz neuen Seite kennengelernt.

> Geier, Fabian, **J.R.R. Tolkien,** Rowohlt Taschenbuch Verlag, 2009. Die Biografie des „Der Herr der Ringe"-Autors erzählt u. a. von seiner Kindheit und Jugend in Birmingham.

> Jeffreys, Tom, **Signal Failure,** Influx Press, 2017. Der Autor beschreibt, wie er zu Fuß entlang der Route der geplante Hochgeschwindigkeitsbahn HS2 zwischen London und Birmingham ging und sinniert dabei über sein Heimatland, über Politik und die Natur.

> Uglow, Jenny, **The Lunar Men: The Friends Who Made The Future,** Faber & Faber, 2003. Ein faszinierendes Porträt der Männer, die im Birmingham des 18. Jahrhunderts die Industrielle Revolution einleiteten.

Internet und Internetcafés

Die meisten **Hotels** und **Cafés** bieten **kostenlosen WLAN-Zugang.** An den meisten **öffentlichen Plätzen** im Zentrum Birminghams bekommt man unter „_Bham Free WiFi" unbegrenzten kostenlosen Internetzugang, so zum Beispiel auf dem **Victoria Square** ❸ und in der Einkaufsstraße **New Street.** Bequem lässt es sich – gleichfalls kostenlos und zeitlich nicht begrenzt – in der **Library of Birmingham** ❽ surfen, genau wie im Einkaufszentrum **Bullring** (s. S. 85).

Ein **Internetcafé,** das noch spät abends geöffnet hat, ist Netadventure in Digbeth.

@138 [F4] **Netadventure,** 15 Shaw's Passage, B55JG, tägl. 10–23.30 Uhr

Maße und Gewichte

Eigentlich gilt in Großbritannien das metrische System, aber viele Werte werden weiterhin in den alten Maßeinheiten angegeben.

> 1 acre = 4047 m²
> 1 inch = 2,54 cm
> 1 mile = 1,609 km
> 1 ounce = 28,35 g
> 1 pound = 453,6 g
> 1 pint = 0,57 l

Medizinische Versorgung

Bis März 2019 bleibt Großbritannien volles Mitglied der EU und alle EU-Bürger werden in Zentren des **National Health Service (NHS)** kostenlos behandelt. Dafür muss man lediglich

Konfektionsgrößen D – GB

Damen		Herren	
36	10	46	36
38	12	48	38
40	14	50	40
42	16	52	42
44	18	54	44
46	20	56	46
48	22		
50	24		

Schuhe

36	3–3,5
37	4–4,5
38	5–5,5
39	5,5–6
40	6,5–7
41	7–7,5
42	7,5–8
43	8,5–9
44	9,5–10
45	10–10,5
46	11–11,5

die Europäische Gesundheitskarte (EHIC) vorzeigen. Behandlungskosten müssen nicht vorgestreckt werden.

Anders sieht es bei **Zahnarztbesuchen** aus: Hier fallen Honorare an, die sich bei Behandlungen wie Füllungen oder Wurzelbehandlungen auf £ 56,30 belaufen. Wichtig ist, auf die Behandlung als NHS-Patient (nicht Privatpatient) zu bestehen, da viele Zahnärzte beides anbieten.

Sowohl normale Ärzte als auch Zahnärzte werden unter der **Telefonnummer 111** vermittelt. Bei **Notfällen** begibt man sich in die **Notaufnahme** („Accident and Emergency", kurz „A&E").

Nachtapotheken gibt es in Großbritannien nicht, aber die meisten Supermärkte verkaufen **nicht verschreibungspflichtige Medikamente** und haben oft bis zum späten Abend geöffnet. Die **Lloyds Pharmacy** im südlichen Vorort Kings Heath hat täglich bis 22 Uhr offen und ist gut mit den Buslinien 35 und 50 zu erreichen.

✚ **139** [aj] **Queen Elizabeth Hospital,** Mindelsohn Way, Edgbaston, B152GW, Tel. 6272000

✚ **140** [E3] **Birmingham Children's Hospital,** Steelhouse Lane, B46NH, Tel. 3339999

✚ **141** [cj] **Birmingham Dental Hospital,** 5 Mill Pool Way, B57EG, Tel. 4665555. Zahnärztlicher Notdienst, Termine werden telefonisch vermittelt.

❯ **NHS 111 Service:** Der telefonische Notdienst vermittelt unter der Nummer 111 zu jeder Tages- und Nachtzeit ärztliche Notdienste.

✚ **142** [dk] **Lloyds Pharmacy,** 128/130 High Street, Kings Heath, B147LG, Tel. 4441179, tägl. 8.30–22 Uhr

Mit Kindern unterwegs

Man könnte meinen, eine große Industriestadt wie Birmingham habe Kindern eher wenig zu bieten, aber genau das Gegenteil ist der Fall. Viele der Hauptattraktionen wie das Schokoladenmuseum Cadbury World ❹⓿ *oder das National Sea Life Centre* ⓫ *gefallen dem Nachwuchs mindestens genauso sehr wie den Eltern. Wem der Eintritt für diese Sehenswürdigkeiten zu teuer ist, der findet im kleinen Birmingham Wildlife Conservation Park* ㉜ *eine günstige Alternative, bei der Kinder ganz genauso auf ihre Kosten kommen.*

Auch das naturwissenschaftliche Museum **Thinktank** ㉔ ist speziell auf Kinder zugeschnitten. Anfassen und Ausprobieren ist hier ausdrücklich erlaubt. Über 200 interaktive Stationen gibt es zu entdecken und in der Kids City, die besonders für Kinder unter sieben Jahren geeignet ist, darf gebaut, gedrückt, zerstört und wieder zusammengefügt werden.

Aber auch Kunstmuseen wie das **Birmingham Museum and Art Gallery** 5 haben jüngeren Gästen viel zu bieten: Hier kann man *Activity Packs* für Kinder ausleihen, die ihnen spannende Aufgaben geben, während die Eltern die Ausstellungen genießen können. Im zum Museum gehörenden Edwardian Tearoom gibt es außerdem gute Kindergerichte.

Wer auf der Suche nach weiteren geeigneten **Restaurants** ist, wo der Nachwuchs gern gesehen ist, ist beim italienischen Pasta di Piazza (s. S. 74) an der richtigen Adresse: Leckere Spaghetti und interessante Mal- und Rätselbücher halten die Kleinen bei Laune. Das Café **Boston Tea Party** (s. S. 75) hat ebenfalls eine spezielle Kinder-Karte mit kleinen Hamburgern (auch vegan) und Pommes, Mini-Versionen des englischen Frühstücks oder Pastagerichten. Schön für Kinder ist auch das zum **mac** 33 gehörende **Bridges Café** gleich um die Ecke vom Wildlife Conservation Centre. Beide grenzen an den **Cannon Hill Park** (s. S. 91) mit zwei schönen Spielplätzen und einer Kinderkirmes an Sommerwochenenden. Auch die Tretboote in Form von Schwänen und der Minigolfplatz garantieren viel Spaß für die Kleinen.

Ob Kinder mit in den **Pub** dürfen, hängt vom jeweiligen Pub-Management ab. Geschäftige Pubs im Stadtzentrum sind oft eher ungeeignet für Kinder unter 16 Jahren, aber in ruhigeren Lokalen wie dem **Tap & Spile** (s. S. 72) werden sie herzlich willkommen geheißen. Besonders kinderfreundlich sind die Pubs in den südlichen Vororten Harborne, Moseley und Kings Heath, da hier viele Familien wohnen.

▽ *In der Kids City im Thinktank* 24 *können Kinder ausgelassen toben*

Notfälle

Polizei, Ambulanz und Feuerwehr können unter der **Notrufnummer 999 oder 112** erreicht werden. Für weniger bedrohliche Fälle gilt die **police non-emergency number 101**. Die Polizeiwache Central Police Station ist rund um die Uhr geöffnet.

➤ **143** [D3] Birmingham Central Police Station, Snow Hill Queensway, B46NQ

Kartensperrung

Bei **Verlust der Debit-(EC-), Kredit-** oder **SIM-Karte** gibt es für Kartensperrungen eine **deutsche Zentralnummer** (unbedingt vor der Reise klären, ob die eigene Bank bzw. der jeweilige Mobilfunkanbieter diesem Notrufsystem angeschlossen ist). **Aber Achtung:** Mit der telefonischen Sperrung sind die Bezahlkarten zwar für die Bezahlung/Geldabhebung mit der PIN gesperrt, nicht jedoch für das **Lastschriftverfahren mit Unterschrift**. Man sollte daher auf jeden Fall den Verlust zusätzlich **bei der Polizei zur Anzeige bringen,** um gegebenenfalls auftretende Ansprüche zurückweisen zu können.

In **Österreich** und **der Schweiz** gibt es keine zentrale Sperrnummer, daher sollten sich Besitzer von in diesen Ländern ausgestellten Debit-(EC-) oder Kreditkarten vor der Abreise bei ihrem Kreditinstitut über den zuständigen Sperrnotruf informieren.

Generell sollte man sich immer **die wichtigsten Daten** wie Kartennummer und Ausstellungsdatum **separat notieren,** da diese unter Umständen abgefragt werden.

- **Deutscher Sperrnotruf:** Tel. +49 116116 oder Tel. +49 3040504050
- **Weitere Infos:** www.kartensicherheit.de, www.sperr-notruf.de

Öffnungszeiten

Geschäfte in den Haupteinkaufsbezirken um den Bullring und die New Street herum öffnen in der Regel Mo. bis Sa. von 9.30 bis 20 Uhr. Sonntags dürfen große Geschäfte nur für sechs Stunden öffnen, entweder von 10 bis 16 oder von 11 bis 17 Uhr. Kleine Eckläden sind von dieser Regel ausgenommen und haben sonntags meist die gleichen Öffnungszeiten wie an Werktagen. **Banken** öffnen normalerweise Mo. bis Fr. von 9 bis 16.30 Uhr, größere Filialen außerdem Sa. von 9.30 bis 13 Uhr.

Post

Während **Briefmarken** für die Beförderung innerhalb Großbritanniens in den meisten Supermärkten und Eckläden erhältlich sind, bekommt man Marken für das Ausland meist nur im Postamt. Das **Porto** für Briefe und Karten bis 20 g nach Europa kostet einheitlich £ 1,17.

✉ **144** [D4] Post Office (Hauptpostamt), 1 Pinfold Street, B24AA, Mo.–Fr. 9–18, Sa. 9–17.30 Uhr

Radfahren

Viele Teile Birminghams sind ideal für Fahrradfahrer geeignet und die vielen Parks und Kanäle machen Radtouren zu einem echten Genuss. Der **Fahrradverleih On Your Bike** vermietet Räder ab £ 18 pro Tag bzw. £ 49 pro Woche. Der Verleih **Brompton Bike Hire** hat sechs Stationen, u. a. an den Bahnhöfen der Stadt, wo man nach vorheriger Online-Anmeldung Falträder ausleihen kann (Jahresbeitrag ab £ 5, Tagespreis ab £ 3,50).

Einen guten **Routenplaner** findet man auf der Website von **Birmingham Cycle Streets**. Die Organisation **Birmingham Cycle Revolution** beschreibt außerdem auf ihrer Website unter „New Cycle Routes" 12 attraktive, verkehrsarme Touren, die auch für Familien geeignet sind.

🚇145 [F5] **On Your Bike**, 33–40 Bradford Street, B56HX, Tel. 6666933, www.onyourbike.com

> www.bromptonbikehire.com
> www.birmingham.cyclestreets.net
> www.bhamcyclerevolution.org.uk

Sicherheit

Birmingham ist ein **sicheres Reiseziel** und die Chance, dass man als Tourist in der Stadt Opfer von Kriminellen wird, ist sehr gering. Natürlich sollte man sich **an die üblichen Regeln für eine Großstadt halten** und nachts möglich nicht allein durch dunkle Nebenstraßen laufen oder an einem schlecht beleuchteten Bankautomaten Geld abheben.

Wie in anderen britischen Städten kann es an **Nightlife Hotspots** wie der Broad Street an Freitag- und Samstagabenden, wenn der Alkohol frei fließt, laut und wild abgehen, aber meist bleibt die Partystimmung dabei freundlich und friedlich.

Sprache

Wie so viele Briten sind die Brummies oft ziemliche Sprachmuffel und beherrschen nur selten eine zweite europäische Sprache. Jedoch kommt man in der Stadt auch mit stockendem Schulenglisch gut zurecht und die freundlichen Einheimischen werden einem schnell weiterhelfen, wenn einem ein paar Wörter nicht einfallen.

Der **Birmingham-Akzent** hat in England den Ruf, eher misstönend zu klingen. Eine kleine Vorstellung von seinem Klang bekommt man, wenn man vor die meisten Umlaute ein o setzt. Da heißt es dann nicht mehr „When is the next train, please?" sondern „When ois the next troain ploease?" Für Ausländer ist der Brummie-Dialekt aber glücklicherweise sehr viel leichter zu verstehen als die Dialekte in anderen britischen Städten wie Liverpool oder Glasgow, wo auch Südengländer schon mal Probleme bekommen.

Eine **kleine Sprachhilfe Englisch** findet sich auf Seite 134 dieses Reiseführers.

Stadttouren

Walking Tours

Die kostenlosen Führungen von **Real Birmingham Free Walking Tours** sind eine gute Art, einen Überblick über die Sehenswürdigkeiten der Stadt zu gewinnen. Sie finden im Sommer an zwei Samstagen im Monat statt (Termine auf der Website) und beginnen jeweils um 10.30 Uhr an der Statue von Queen Victoria am Victoria Square ❸, wo sie zwei Stunden später auch enden. Die Touren müssen nicht im Voraus gebucht werden.

> www.realbirmingham.com

Die **Positively Birmingham Walking Tours** starten das ganze Jahr über jeden Samstag und von März bis Oktober auch mittwochs um 13.30 Uhr und kosten £9,80. Es gibt die Wahl zwischen zwei verschiedenen Führungen: Tour 1 vermittelt einen allgeme-

nen Überblick über die Geschichte und Architektur der Stadt einschließlich der Kanäle, während sich Tour 2 auf das eigentliche Zentrum Birminghams beschränkt und besonderen Bezug auf den Künstler Edward Burne-Jones nimmt. Während Tour 1 vor der Library of Birmingham **8** am Centenary Square beginnt, startet Tour 2 vor dem Haupteingang des Birmingham Museum and Art Gallery **5**. Beide dauern etwa eine Std. 45 Min. und sollten möglichst online vorgebucht werden, um einen Platz zu garantieren. Welche Tour in welcher Woche angeboten wird, erfährt man auf der Website.

❯ www.positivelybirmingham.co.uk

Bustouren

Am bequemsten kann man Birmingham mit dem **roten Doppeldecker** erkunden. Der **Big Brum Open Top Buz** fährt von Ende April bis Ende September jedes Wochenende alle Sehenswürdigkeiten in der Innenstadt, im Jewellery Quarter und in Edgbaston

an. Die Tour beginnt Sa. und So. um 10.30, 12.30 und 14.30 Uhr am Victoria Square **3** (Ecke Colmore Row) und dauert ca. 1 Std. 20 Min.

Außerdem finden mehrmals im Jahr **Stadtrundfahrten zu speziellen Themen** wie der Musikgeschichte Birminghams oder der Fernsehserie „Peaky Blinders" statt. Sehr interessant ist auch die „**Tolkien/Hobbit Bus Tour**", bei der etliche Wirkungsorte des Autors angefahren werden.

Tickets kosten für Erwachsene £ 12 und für Kinder von 5 bis 15 Jahren £ 5, Kleinkinder fahren kostenlos mit. Tickets können online, direkt im Bus oder unter der Telefonnummer 4272555 gebucht werden. Alle themenspezifischen Touren müssen vorausgebucht werden, während man für die normalen Touren am Wochenende einfach so kommen kann.

❯ www.birmingham-tours.co.uk

◩ *Mit dem Big Brum Open Top Buz lässt sich Birmingham ganz bequem erkunden*

Kanalkreuzfahrten

Aus einer ganz anderen Perspektive erlebt man die Stadt bei einer gemächlichen Fahrt auf einem der bunten Kanalboote. **Away2Canal** bieten eine einstündige Rundfahrt in das grüne Umland Birminghams an. Die Fahrt beginnt gegenüber dem International Convention Centre [B4] in Brindleyplace und kostet £8 für Erw., £4 für Kinder, £20 für Familien.

Auch **Sherborne Wharf** bietet rund einstündige Rundfahrten von Brindleyplace aus an. Der Anleger findet sich am Kanal gleich neben dem International Convention Centre.

Die Tickets kosten für Erwachsene £8, für Kinder £6 und für Familien £22. In den Sommermonaten finden mehrere Fahrten täglich statt, im Winter legen die Schiffe nur an Wochenenden ab.

› www.away2canal.co.uk, Tel. 6477151
› www.sherbornewharf.co.uk, Tel. 4545367

Vorwahlen
› **Deutschland:** 0049
› **Österreich:** 0043
› **Schweiz:** 0041

Telefonieren

Die **Vorwahl** von Birmingham ist die 0121. Sie muss innerhalb des Stadtgebietes von Festnetzanschlüssen aus nicht mitgewählt werden. Wenn man vom Ausland aus anruft, wählt man zudem die **Landesvorwahl** von Großbritannien 0044 vor (die Null der Birminghamer Vorwahl entfällt danach).

Öffentliche Telefonzellen *(payphones)* befinden sich am Hauptbahnhof New Street gegenüber der Intercity Lounge und auf Level 3 des International Convention Centre. Sie akzeptieren meistens sowohl Münzen als auch Kreditkarten.

Handys funktionieren in England problemlos **und solange Großbritannien Mitglied der EU ist, fallen keine Roaming-Kosten an.** Ob sich dies nach dem Brexit im März 2019 ändern wird, ist noch nicht abzusehen.

Wer nach einem langen Sightseeing-Tag einen leeren Akku hat, kann sein Smartphone oder Tablet kostenlos an verschiedenen **ChargeBoxes** aufladen. Allein im Einkaufszentrum Bullring (s. S. 85) gibt es vier solche Aufladestationen. Andere finden sich im Bahnhof New Street [D4] und am Busbahnhof (s. S. 111) in Digbeth.

◁ *Bei einer Kanalkreuzfahrt kann man Birmingham vom Wasser aus betrachten*

Uhrzeit

In Großbritannien gilt **Greenwich Mean Time (GMT)** und Besucher aus Mitteleuropa müssen ihre **Uhren um eine Stunde zurückstellen.** Auf Sommerzeit bzw. Winterzeit wird jeweils am selben Tag wie zu Hause umgestellt.

Briten teilen den Tag gewöhnlich in zweimal 12 Stunden auf, wobei die Ausdrücke a.m. und p.m. (ante/post meridiem) angeben, ob die Stunden vor dem Mittag oder nachher gemeint sind. Von 0 bis 11 Uhr spricht man von a.m., von 12 bis 23 Uhr von p.m.

Unterkunft

Die großen Messehallen und die vielen Unterhaltungsmöglichkeiten locken Tausende von Besuchern aus dem In- und Ausland an, sodass man in Birmingham eine breite Palette an Unterkunftsmöglichkeiten findet. Besonders groß ist die Auswahl an auf Geschäftsleute abgestimmte 4-Sterne-Hotels, aber in den letzten Jahren haben auch immer mehr kleinere Boutiquehotels eröffnet.

Wer es persönlicher mag, ist gut in einem **Bed & Breakfast** aufgehoben, einer kleineren Pension in Familienhand also. Die besten B&Bs finden sich in den südlichen Vororten.

Während B&Bs und Gästehäuser sich meistens an feste **Preise** halten, schwanken die Angebote von gehobeneren Hotels oft sehr deutlich. Ein Zimmer kann von einem Tag auf den anderen schon mal £50 mehr kosten, daher lohnt sich auf jeden Fall der Blick auf Preisvergleichswebsites.

Bei großen Veranstaltungen sind oft 90% aller Betten der Stadt belegt, sodass es ratsam ist, seine Unterkunft so früh wie möglich zu buchen.

Hotels

146 [C5] **AC Hotel Birmingham** ££-£££, 160 Wharfside Street, The Mailbox, B11RL, Tel. 6439344, www.marriott.co.uk. **Moderne Zimmer mit Kanalblick:** Die Zimmer in dem zum Marriott-Konzern gehörenden Hotel sind allesamt modern, sehr sauber und geräumig. Ein Fitnesszentrum und ein Aufenthaltsraum mit einer kleinen Bibliothek gehören auch dazu. Es lohnt sich, ein wenig mehr für ein Superior-Canal-Zimmer mit schönem Blick auf die Hausboote auf dem Kanal auszugeben.

147 [C2] **Bloc Hotel** £, 77 Caroline Street, B31UG, Tel. 2121223, www.blochotels.com. **Klein, aber fein:** Viel Platz ist nicht in den preiswerten Zimmern des Bloc Hotel, dafür ist aber jeder Raum mit Klimaanlage, ultraschnellem WLAN und HD-TV ausgestattet. Das Hotel befindet sich mitten im historischen Jewellery Quarter.

148 [F3] **Clayton Hotel** ££, Albert Street, B55JE, Tel. 7188000, www.claytonhotelbirmingham.com. **Ultramoderner Komfort:** Die stilvollen, geräumigen Zimmer sind mit der neusten Technologie ausgestattet. Ein Fitness- und Wellnessstudio gehört auch dazu.

149 [D5] **Easyhotel** £, 81 John Bright Street, B11BL, Tel. 6343043, www.easyhotel.com. **Sehr günstig und in unmittelbarer Nähe zum Hauptbahnhof:** Ähnlich wie die Flieger von Easyjet sind

Preiskategorien

Die Preiskategorien beziehen sich auf die Preise pro Doppelzimmer pro Nacht (nicht alle Preise schließen ein Frühstück mit ein).

£	15–£40
££	40–£110
£££	ab £110

die Zimmer dieses Hotels einfach ausgestattet. Wer früh genug bucht, bekommt aber ein sauberes, ruhiges Privatzimmer für einen unschlagbaren Preis direkt am Bahnhof New Street. Für WLAN, TV, Gepäckaufbewahrung usw. zahlt man je nach Wunsch extra.

150 [B5] **Hilton Garden Inn Brindleyplace** ££, 1 Brunswick Square, B12HW, Tel. 6431003, www.hiltongardeninn3. hilton.com. **Modern, zentral und elegant:** Das geschmackvoll eingerichtete Hotel befindet sich im schicken Viertel Brindleyplace in unmittelbarer Nähe zu den Kanälen und nur wenige Gehminuten vom Victoria Square entfernt. Jedes Zimmer hat eine Arbeitsecke mit ergonomischem Stuhl und kostenloses WLAN. Zum Hotel gehört auch ein Fitnesszentrum.

151 [D3] **Hotel du Vin** ££–£££, 25 Church Street, B32NR, Tel. 03300160390, www.hotelduvin.com. **Erschwinglicher Luxus:** Dieses Boutiquehotel nahe der Kathedrale bietet komfortable, große Zimmer im Art-déco-Stil. Außer einem guten Restaurant und einer Bar gibt es auch ein Fitness- und Wellnessstudio.

152 [D6] **Hotel Ibis Budget Birmingham Centre** £, 1 Great Colmore Street, B152AP, Tel. 2854295, www.accorhotels.com. **Zentral, sauber, freundlich:** Das Hotel der Budget-Kette ist vom Hauptbahnhof aus zu Fuß in etwa zehn Minuten zu erreichen und bietet solide, ruhige Zimmer.

153 [C5] **Hotel Indigo** ££–£££, The Cube, Wharfside Street, B11PR, Tel. 6432010, www.hotelindigobirmingham.co.uk. **Zimmer mit Aussicht:** Von den 52 Zimmern im 23. und 24. Stock des schicken Cube-Hochhauses am Einkaufszentrum Mailbox öffnet sich ein weiter Blick über die Stadt. Zu dem Boutiquehotel gehören ein kleiner Pool, ein Restaurant und eine Champagnerbar mit Panoramablick über Birmingham.

154 [C2] **Saint Pauls House** ££–£££, 15–20 St Paul's Square, B31QU, Tel. 272099, www.saintpaulshouse.com. **Viel Charme in herrlicher Lage:** Direkt am malerischen St Paul's Square steht dieses geschmackvoll eingerichtete Boutiquehotel, das vom Ehepaar Sharon und Adrian Harvey geführt wird. Zum Hotel gehören auch ein Restaurant und eine gute Bar.

155 [E4] **Staybridge Suites Birmingham** ££–£££, Martineau Place, Corporation Street, B24UW, Tel. 2893636, www. staybridge.com/birmingham. **Apartments mit Kochnische:** Wer lieber selbst kocht, ist in diesem Hotel in der Nähe des Einkaufszentrums Bullring gut aufgehoben. Es gehört ein Fitnesszentrum dazu, das rund um die Uhr geöffnet ist.

156 [D6] **The Fountain Inn** ££, 102 Wrentham Street, B56QL, Tel. 6221452, www.thefountaininn.com. **Freundliche Unterkunft im Gay Village:** Dieses kleine Boutiquehotel befindet sich über einem freundlichen Pub, der besonders bei der LGBT-Community beliebt ist. Die Zimmer sind sehr sauber, ruhig und geschmackvoll eingerichtet.

157 [bj] **Venue Birmingham** ££, University of Birmingham, Conference Park, 48 Edgbaston Park Road, B152RA, Tel. 6253383, www.conferences.bham.ac. uk/accommodation. **In unmittelbarer Nähe zur Universität:** Das Konferenzzentrum der Uni bietet saubere Zimmer mit kostenlosem WLAN und Frühstück. Vom Bahnhof University erreicht man das Hotel zu Fuß in etwa 15 Minuten. Von hier sind vor allem die Sehenswürdigkeiten in Edgbaston sehr gut zu erreichen und es gibt oft günstige Angebote für Solo-Reisende.

▷ *Im Hausboot-Hotel Boatel Birmingham schlummert man bei sanftem Wellengang*

Bed & Breakfast, Hostels

158 [G5] Birmingham Central Back-packers £, 58 Coventry Street, B55NH, www.birminghambackpackers.com. **Unschlagbar günstig:** Hostel mit netter Atmosphäre im Kreativviertel Digbeth. Das Frühstück und Kaffee sowie Tee rund um die Uhr sind kostenlos.

159 Elmdon Lodge £££, 20–24 Elmdon Road, Acocks Green, B276LH, Tel. 7066968, www.elmdonlodge.co.uk. **Luxus und Ruhe pur:** In dem sehr freundlichen, familiengeführten B&B fühlt man sich schnell zu Hause. Gäste dürfen nicht nur den schönen Garten mitbenutzen, sondern es steht ihnen auch ein schöner Aufenthaltsraum mit Spielen und Büchern zur Verfügung. Kinder sind gern gesehen. WLAN, Frühstück und Parkplätze sind im Preis inbegriffen. Das B&B liegt etwa zehn Minuten vom Bahnhof Acocks Green entfernt, von wo aus man in sieben Minuten in der Innenstadt ist.

160 [bh] The Blue Piano ££, 26 Harborne Road, B153AA, Tel. 4546877, www. thebluepiano.co.uk. **Persönlich, liebevoll eingerichtet, ruhig:** Das B&B wird vom Engländer Peter Hodgson und seiner Frau Siew Kuan, die aus Singapur stammt, geleitet und überzeugt dank seiner freundlichen und familiären Atmosphäre. Die Zimmer befinden sich über dem asiatischen Restaurant der beiden, wo es abends oft Livejazz und andere Musik gibt, sind aber sehr ruhig. Zur Unterhaltungsmeile Broad Street sind es zu Fuß fünf Minuten, zum Hauptbahnhof etwa 20 Minuten.

161 [G6] The Moseley Arms ££, 105 Ravenhurst Street, B120HB, Tel. 7668467, www.themoseleyarms.co.uk. **Typisch britisch:** Die 38 sauberen, komfortablen Zimmer befinden sich über einem ruhigen Pub in Digbeth, etwa 15 Gehminuten von der Innenstadt entfernt. Im Preis inbegriffen sind ein gutes englisches Frühstück, WLAN und Parkplätze.

162 [ah] Westbourne Lodge ££, 25–31 Fountain Road, B178NJ, Tel. 4291003, www.westbournelodge.co.uk. **Vorstadtidylle im Grünen:** Das freundliche B&B bietet großzügige Zimmer in typisch englischer Atmosphäre. Gut für Familien geeignet und kostenloses Parken.

Ausgefallene Konzepte

163 [E5] Back to Back Houses ££, 52/54 Inge Street, B54TE, Tel. 03448002070, www.nationaltrust holidays.org.uk. **Perfekt für Geschichtsfans:** An das Museum Back to Backs **25** schließen sich zwei Ferienhäuser an, die für eine oder mehrere Nächte gemietet werden können. Hier kann man wohnen wie zur Zeit Königin Victorias I. oder wie in den 1930er-Jahren, jedoch mit modernem Komfort. Zu beiden Häusern gehört eine gut ausgestattete Küche.

164 [C5] Boatel Birmingham ££, Bootsanleger am Gas Street Basin, B12JR,

Tel. 07743 797546, www.facebook.com/BoatelBirmingham. **Übernachten auf dem Hausboot:** Die vier gemütlichen Doppelzimmer sind alle mit Heizung, heißem Wasser und kostenlosem WLAN ausgestattet.

› **The Old Crown** £ (s. S. 79), Tel. 2481368, www.theoldcrown.com. **Sehr stimmungsvoll:** Im ältesten Pub Birminghams soll 1575 schon Königin Victoria I. übernachtet haben. Die großen Zimmer sind im Retrostil dekoriert und recht einfach, aber auch sehr günstig.

📞 **165** [ak] **Woodbrooke** ££, 1046 Bristol Road, B296LJ, Buslinie 63 vom Bahnhof New Street bis Witherford Way, Tel. 4725171, www.woodbrooke.org.uk. **Ruhe pur:** Das Konferenzhaus der religiösen Gemeinschaft der Quäker steht in einem herrlichen Park im Vorort Selly Oak. Hier werden auf Bed & Breakfast-Basis Zimmer vermietet. Sie haben keine Fernseher, aber kostenloses WLAN. Mit dem Bus ist man in ca. 20 Minuten im Stadtzentrum. Kostenlose Parkplätze.

Buchungsportale

Neben Buchungsportalen für **Hotels** (z. B. www.booking.com, www.hrs.de oder www.trivago.de) bzw. für **Hostels** (z. B. www.hostelworld.de oder www.hostelbookers.de) gibt es auch Anbieter, bei denen man **Privatunterkünfte** buchen kann. Portale wie www.airbnb.de, www.wimdu.de oder www.9flats.com vermitteln Wohnungen, Zimmer oder auch nur einen Schlafplatz auf einer Couch. Diese oft recht günstigen Übernachtungsmöglichkeiten sind nicht unumstritten, weil manchmal normale Wohnungen gewerblich missbraucht werden. Einige Städte greifen deshalb regulierend ein.

Verhaltenstipps

› Man sollte sich gleich nur **mit dem Vornamen vorstellen.** In dieser Hinsicht sind die Engländer sehr locker und der Gebrauch des Nachnamens klingt meist zu förmlich und steif.

› An Fragen sollte man immer ein „Please" hängen und das anschließende „Thank you" nicht vergessen. Auf **Höflichkeit** wird auf der Insel weiterhin viel Wert gelegt. Wenn man jemanden aus Versehen anrempelt (oder auch selbst angerempelt wird), sagt man „Sorry".

› Für **Busfahrten** sollte man immer **viel Kleingeld parat halten.** Die Busfahrer dürfen kein Wechselgeld geben.

› **Immer geduldig in der Schlange stehen.** Die Briten sind berühmt für ihr Anstehen und jedes Vordrängeln wird als unkultiviert angesehen.

› **In Pubs wird am Tresen bestellt** und sofort nach der Bestellung bezahlt. Wenn man mit englischen Freunden unterwegs ist, bestellt man „Rounds": Man lädt also abwechselnd die ganze Runde zum Bier ein.

Verkehrsmittel

Der Dachverband aller Nahverkehrsbetriebe in Birmingham und Umgebung ist das **Network West Midlands.** Auf seiner Website findet man einen guten Routenplaner und Auskünfte zu den günstigsten Tickets für Busse, Straßenbahnen und Züge.

Bei der sogenannten „Travelline", einer Informationshotline des Network West Midlands, erhält man unter Tel. 08712002233 Auskünfte über Busse und die Metro-Straßenbahn und unter Tel 03457484950 Auskünfte über Züge.

› Weitere Infos: www.networkwestmidlands.com

Wer vorhat, an einem Tag verschiedene Transportmittel zu benutzen, für den lohnt sich der Kauf eines **Kombitickets,** das man im Travel Shop, online oder beim Schaffner (Achtung: Tickets für Zugfahrten müssen bereits vor Antritt der Reise gekauft werden) bekommt. Bei den Kombitickets gibt es jeweils **zwei Varianten:** ein Ticket, das für den ganzen Tag gültig ist, und ein günstigeres „Off Peak"-Ticket, das an Wochentagen erst ab 9.30 Uhr gilt. An Wochenenden gelten die „Off Peak"-Tickets den ganzen Tag über.

Ein günstiges Kombiticket ist zum Beispiel **Network Daytripper** für £ 8,50 bzw. £ 6,60 „Off Peak" (Kinder £ 4,50 und Familien £ 11,40), mit dem man innerhalb des Großraums von Birmingham an einem Tag beliebig viele Fahrten mit dem Bus, dem Zug oder der Straßenbahn machen darf. Montags bis freitags ist es von 9.30 bis 24 Uhr gültig, am Wochenende den gesamten Tag. Für eine Extragebühr von £ 2,50 gilt es auch für Ziele wie **Stratford-upon-Avon** 43 und **Lichfield** 46, die außerhalb des Verkehrsverbunds liegen.

Das **Bus + Metro Day Ticket** gilt für alle Busse und Straßenbahnen innerhalb des Verkehrsbunds und kostet £ 6,50 bzw. £ 5,40 („Off Peak"). Ein Wochenticket kostet £ 27,50.

Bei längeren Aufenthalten lohnt sich der Kauf einer **Swift Card,** einer elektronischen Fahrkarte für Bus und Straßenbahn, auf die man vor der Fahrt ein Mindestguthaben von £ 10 lädt. Dies kann man im Travel Shop, online oder an einem von 250 Payzone-Automaten tun, die sich in vielen Kiosken und Supermärkten finden. Mit der Swift Card bekommt man bei jeder Fahrt einen Rabatt von etwa £ 0,20. Weder die Tickets für Züge noch für Busse oder die Straßenbahn müssen entwertet werden, da das Datum und die Uhrzeit bereits aufgedruckt sind.

Zugtickets für **Ziele außerhalb Birminghams** sind meist deutlich günstiger, wenn man sie schon so früh wie möglich vor dem Reisetag entweder

⌂ Von der Moor Street Station fahren Züge nach Stratford-upon-Avon 43

online oder am Bahnhof bucht. Allerdings ist man dann an die gebuchte Verbindung gebunden und darf keinen anderen Zug benutzen.

Weitere Informationen erhält man in den beiden **Travel Shops** in der Innenstadt, wo auch Fahrpläne und Informationen zu den verschiedenen Kombitickets ausliegen.

ⓘ **166** [D4] **Birmingham Travel Information Centre,** New Street Station, Tel. 08453036760, Mo.–Sa. 8.30–17.30 Uhr

ⓘ **167** [E4] **National Express West Midlands Travel Shop,** 95 Corporation Street, www.nxbus.co.uk, Mo.–Fr. 8.30–17.30, Sa. 9–17 Uhr

Bus

Das Busnetz kann auf Besucher verwirrend wirken, da im Großraum Birmingham **mehr als 25 verschiedene Busgesellschaften** verkehren. Wer ein **Tagesticket** (Daysaver oder Dayrider genannt) für eine Gesellschaft kauft, darf dann nur die Busse dieses Betreibers benutzen.

Die Tagestickets kosten je nach Anbieter zwischen £ 3,80 und £ 4,60. Am einfachsten ist es, das **Kombiticket „Bus Day Ticket"** vom Dachverband Network West Midlands für £ 5 zu kaufen, mit dem man alle Busse benutzen darf. Ein Wochenticket kostet £ 19. Es ist in den Travel Shops und bei den Busfahrern erhältlich.

Die Höchstgebühr für eine einfache Busfahrt innerhalb des Großraums Birmingham beträgt £ 2,40 bzw. £ 2,30 mit einer Swift Card.

Busfahrer dürfen kein Wechselgeld geben. Man sollte also genug Kleingeld bzw. eine Swift Card dabeihaben. An wenig frequentierten Bushaltestellen muss man dem Busfahrer ein **Handzeichen geben,** damit er anhält.

Straßenbahn

Bei der Birminghamer Metro handelt es sich nicht um eine U-Bahn, sondern um eine Straßenbahn. Die **Midland Metro** verkehrt zwischen dem Bahnhof Birmingham New Street und den Nachbarstädten West Bromwich, Wednesbury und Wolverhampton. Für Touristen ist die Straßenbahn besonders für Ausflüge in das Jewellery Quarter (s. S. 31) zu empfehlen: Ein einfaches Ticket zu den Haltestellen St Pauls oder Jewellery Quarter kostet nur £ 1. **Fahrkarten** sind im Zug beim Schaffner erhältlich. Momentan wird die Straßenbahn bis zum Centenary Square ausgebaut und soll in den nächsten Jahren weiter bis zum südlichen Vorort Edgbaston ausgedehnt werden.

❯ Midland Metro, www.nxbus.co.uk/the-metro

Zug

Der **Hauptbahnhof New Street** [D4] ist einer der wichtigsten Verkehrsknotenpunkte in Großbritannien: Jeden Tag fahren von hier aus über 1250 Züge in die verschiedensten Ecken des Königreichs.

Außer New Street gibt es noch zwei weitere Bahnhöfe im Stadtzentrum, die alle nur wenige Minuten voneinander entfernt liegen. Von der **Moor Street Station** [E4] fahren vor allem Züge Richtung Stratford-upon-Avon ❹❸ und Kidderminster, von der **Snow Hill Station** [D3] Züge Richtung Solihull und Worcester.

Mehrere Regionalbahnen durchqueren Birmingham, sodass man die Sehenswürdigkeiten in den Vororten oft am schnellsten mit dem Zug erreichen kann. Auskunft bekommt man beim Network West Midlands oder bei der Gesellschaft National Rail, die telefonisch rund um die Uhr zu erreichen ist.

> National Rail, www.nationalrail.co.uk, Tel. 03457484950

Taxis

Fahrten mit dem Taxi sind in Birmingham relativ teuer und es gibt keine einheitliche Preisgestaltung. Die Preise für die **Black Cabs**, die man auch aus London kennt, können einiges höher ausfallen als die für **private Mini-Cabs**.

Die schwarzen Taxis können an der Straße herangewunken werden oder sind an den Taxiständen zu finden (z.B. an den Bahnhöfen, an der Colmore Row bei der Kathedrale ❶, am Busbahnhof in Digbeth (s.S. 111) oder an der Ecke Bishopsgate/Broad Street [A/B5]). Private Firmen wie **Birmingham Taxis** oder **Birmingham City Taxis** sind meist um einiges günstiger und müssen im Voraus gebucht werden.

> **Birmingham Taxis,** Tel. 7022000, www.birminghamtaxis.co.uk
> **Birmingham City Taxis,** Tel. 2853672, www.birminghamcitytaxis.co.uk

Wasserbus

Auf den Kanälen zwischen Brindleyplace und dem Shoppingcenter Mailbox (s.S. 85) verkehrt täglich von 10.30 bis 17 Uhr im 30-Minuten-Takt ein Wasserbus. Das kleine rote Boot stoppt außerdem an Sherborne Wharf, King Edwards Wharf und Gas Street Basin. Eine Rundfahrt kostet £ 4, eine einfache Fahrt £ 1 pro Haltestelle.

🖂 *Oft kommt man übers Wasser am schnellsten zum Ziel*

Wetter und Reisezeit

Das Klima in Birmingham ist **gemäßigt maritim** mit mäßig warmen Sommern und milden Wintern. Wer denkt, dass das englische Wetter nur aus Dauerregen besteht, liegt zumindest bei Birmingham sehr falsch: Im Jahresdurchschnitt fallen **nur 805 mm Niederschlag**, nicht mehr als in vielen Metropolen auf dem europäischen Festland. Der Januar ist dabei mit durchschnittlich 13 Regentagen der feuchteste Monat, gefolgt vom Oktober und November mit jeweils 12, während der Juli mit 194 Sonnenstunden der wärmste Monat ist, dicht gefolgt vom Juni und August.

Auch im Hochsommer liegen die durchschnittlichen **Höchsttemperaturen** allerdings nur bei rund 21,3 °C, während die durchschnittlichen Tiefsttemperaturen auch im kältesten Monat Februar mit 1,1 °C auszuhalten sind.

Birmingham ist das ganze Jahr über eine Reise wert. Der **Sommer** lockt mit vielen Festivals und Outdoor-Events und auch ein Besuch der vielen herrlichen Gärten und Herrenhäuser, die es in Birmingham zu sehen gibt, sind zur warmen Jahreszeit natürlich am schönsten. Aber auch der **Herbst** fällt in Birmingham oft herrlich aus. Ein Spaziergang an den von bunten Bäumen gesäumten Kanälen ist ein unvergessliches Erlebnis und abends locken die Pubs mit gemütlichen Kaminfeuern. Im **Winter** zieht der riesige Weihnachtsmarkt Tausende Besucher aus ganz Großbritannien an, während im **Frühling** viele der öffentlichen Plätze der Stadt mit Tausenden von Narzissen übersät sind.

Besonders empfehlenswert ist eine Reise nach Birmingham im **Juni** und **Juli**, wenn das Wetter und die langen Abende ideal zum Entdecken der Stadt sind, Ziele wie Stratford-upon-Avon und Warwick aber noch nicht von den Menschenmassen überrannt werden, die sich dort in den englischen Schulferien im August einfinden.

▷ *Ritterspiele am Warwick Castle* **44**

Durchschnitt	Wetter in Birmingham											
Maximale Temperatur	6°	6°	9°	12°	15°	19°	21°	20°	18°	14°	9°	7°
Minimale Temperatur	0°	0°	2°	3°	6°	9°	11°	11°	9°	6°	3°	1°
Regentage	17	13	16	14	15	13	12	14	12	13	16	16
	Jan	Febr	März	Apr	Mai	Juni	Juli	Aug	Sept	Okt	Nov	Dez

ANHANG

Kleine Sprachhilfe Englisch

Die folgenden Wörter und Redewendungen wurden dem Reisesprachführer „Englisch – Wort für Wort" (Kauderwelsch-Band 64) aus dem REISE KNOW-HOW Verlag entnommen.

Häufig gebrauchte Wörter und Redewendungen

Zahlen

1	(wann)	*one*
2	(tuh)	*two*
3	(ðrih)	*three*
4	(fohr)	*four*
5	(feiw)	*five*
6	(ßikß)	*six*
7	(ßäwèn)	*seven*
8	(äit)	*eight*
9	(nein)	*nine*
10	(tänn)	*ten*
11	(ihläwèn)	*eleven*
12	(twälw)	*twelve*
13	(ðörtihn)	*thirteen*
14	(fohrtihn)	*fourteen*
15	(ffiftihn)	*fifteen*
16	(ßikßtihn)	*sixteen*
17	(ßäwèntihn)	*seventeen*
18	(äitihn)	*eighteen*
19	(neintihn)	*nineteen*
20	(twänntih)	*twenty*
30	(ðörtih)	*thirty*
40	(fohrtih)	*forty*
50	(ffiftih)	*fifty*
60	(ßikßtih)	*sixty*
70	(ßäwèntih)	*seventy*
80	(äitih)	*eighty*
90	(neintih)	*ninety*
100	(hanndrid)	*hundred*

◁ *Vorseite: Ritterspiele am Warwick Castle* ④④

Die wichtigsten Zeitangaben

yesterday	(jäßtèrdäi)	gestern
today	(tuhdäi)	heute
tomorrow	(tuhmohrrou)	morgen
last week	(lahßt wihk)	letzte Woche
in the morning	(in ðè mohrning)	morgens
in the afternoon	(in ðih_ ahftèrnuhn)	nachmittags
in the evening	(in ðih_ ihwèning)	abends
Sunday	(ßanndäi)	Sonntag
Monday	(manndäi)	Montag
Tuesday	(tjuhsdäi)	Dienstag
Wednesday	(wännsdäi)	Mittwoch
Thursday	(ðörsdäi)	Donnerstag
Friday	(freidäi)	Freitag
Saturday	(ßättèrdäi)	Samstag

Die wichtigsten Fragewörter

who?	(huh)	wer?
what?	(wott)	was?
where?	(wäèr)	wo?/wohin?
why?	(wei)	warum?
how?	(hau)	wie?
how much?	(hau matsch)	wie viel? (Menge)
how many?	(hau männih)	wie viele? (Anzahl)
when?	(wänn)	wann?
how long?	(hau long)	wie lange?

Die wichtigsten Richtungsangaben

on the right	(on ðè reit)	rechts
on the left	(on ðè läfft)	links
turn right/ left	(törn reit/ läfft)	rechts/links abbiegen
straight on	(ßträjt on)	geradeaus
in front of	(in front_off)	vor, gegenüber
out-/inside	(aut-/inseid)	außer-/innerhalt
here	(hi-èr)	hier
there	(ðäèr)	dort
up there	(ap ðäèr)	da oben
down there	(daun ðäèr)	da unten
nearby	(nihrbei)	nah, in der Nähe
far away	(fahr èwäi)	weit weg
around the corner	(raund ðè kohrnèr)	um die Ecke

Die wichtigsten Floskeln und Redewendungen

yes	(jäß)	ja
no	(nou)	nein
thank you	(ðänk_juh)	danke
please	(plihs)	bitte
Good morning!	(gudd mohrning)	Guten Morgen!
Good evening!	(gudd ihwèning)	Guten Abend!
Hello! / Hi!	(hällou/hei)	Hallo!
How are you?	(hau ah juh)	Wie geht es Ihnen/dir?
Fine, thank you.	(fein ðänk_juh)	Danke gut.
Goodbye!	(guddbei)	Auf Wiedersehen!
Have a good day!	(hăw_è gudd däi)	Einen schönen Tag!
I don't know.	(ei dount nou)	Ich weiß nicht.
Cheers	(tschiers)	Prost!
The bill, please!	(ðè bill plihs)	Die Rechnung, bitte!
Congratulations!	(kongrätuläischènß)	Glückwunsch!
Excuse me!	(ikßkjuhs mih)	Entschuldigung!
I'm sorry.	(eim ßorrih)	Tut mir leid!
It doesn't matter.	(itt dahsnt mättèr)	Das macht nichts.
What a pity!	(wott_è pittih)	Wie schade!

Die wichtigsten Fragen

Is there a/an … ?	(is ðäèr è/ènn …)	Gibt es …?
Do you have … ?	(duh juh häw …)	Haben Sie …?
Where is/are … ?	(wäèr is/ah …)	Wo ist/sind … ?
Where can I … ?	(wäèr kähn_ei)	Wo kann ich … ?
How much is it?	(hau matsch is_itt)	Wie viel kostet das?
What time?	(wott teim)	Um wie viel Uhr?
Can you help me?	(kähn juh hällp mih)	Können Sie mir helfen?
Is there a bus to … ?	(is ðäèr è_baß tuh …)	Gibt es einen Bus nach …?
How are you?	(hau ah juh)	Wie geht es dir/Ihnen?
What's your name?	(wotts juhr näim)	Wie heißt du/heißen Sie?
How old are you?	(hau ould ah juh)	Wie alt bist du/sind Sie?
Where do you come from?	(wär duh juh kamm fromm)	Woher kommen Sie?
Excuse me?	(ikßkjuhs mih)	Wie bitte?

Nichts verstanden? – Weiterlernen!

I don't speak English.	(ei dount spihk in-glisch)	Ich spreche kein Englisch.
Pardon?	(pahdèn?)	Wie bitte?
I don't understand.	(ei dount andèrständ)	Ich habe nicht verstanden.
Do you speak German?	(duh juh spihk dschörmèn?)	Sprechen Sie Deutsch?
How do you say	(hau duh juh säi	Wie heißt das
that in English?	ðät in in-glisch?)	auf Englisch?
What does it mean?	(wott dahs_itt mihn?)	Was bedeutet das?

AusspracheTrainers auf PC oder Smartphone lernen (siehe Umschlag hinten) +++

Humorvolles bei REISE KNOW-HOW:

So sind sie, die ...

Die Fremdenversteher

Die Reihe, die kulturellen Unterschieden unterhaltsam auf den Grund geht.

Amüsant und sachkundig. Locker und heiter. Ironisch und feinsinnig. Über die Lebensumstände, die Psyche, die Stärken und Schwächen unserer europäischen Nachbarn, der Amerikaner und Japaner.

So sind sie eben, die Fremden!

Die Fremdenversteher: Deutsche Ausgabe der englischen Xenophobe's® Guides.

108 Seiten | 8,90 Euro [D]

Register

Die Autorin

Nach einem Masterstudium in Literatur an der University of London und mehrjähriger Tätigkeit als Journalistin bei verschiedenen Londoner Lokalzeitungen wagte **Anna Regeniter** 2004 den Umzug nach Nordengland. Seitdem arbeitet sie als Deutschlehrerin in Manchester, von wo aus sie sich immer wieder gern auf die kurze Fahrt nach Birmingham begibt, um das quirlige Kultur- und Nachtleben dort zu genießen. Noch immer ist sie begeistert von der Freundlichkeit und dem Humor der Engländer, ihrer Liebe zum Feiern und den atemberaubenden Landschaften Großbritanniens.

Schreiben Sie uns

Dieses Buch ist gespickt mit Adressen, Preisen, Tipps und Daten. Unsere Autoren recherchieren unentwegt und erstellen alle zwei Jahre eine komplette Aktualisierung, aber auf die Mithilfe von Reisenden können sie nicht verzichten. Darum: Teilen Sie uns bitte mit, was sich geändert hat oder was Sie neu entdeckt haben. Gut verwertbare Informationen belohnt der Verlag mit einem Sprachführer Ihrer Wahl aus der Reihe „Kauderwelsch".

Kommentare übermitteln Sie am einfachsten, indem Sie die Web-App zum Buch aufrufen (siehe Umschlag hinten) und die Kommentarfunktion bei den einzelnen auf der Karte angezeigten Örtlichkeiten oder den Link zu generellen Kommentaren nutzen. Wenn sich Ihre Informationen auf eine konkrete Stelle im Buch beziehen, würde die Seitenangabe uns die Arbeit sehr erleichtern. Unsere Kontaktdaten entnehmen Sie bitte dem Impressum.

Impressum

Anna Regeniter

CityTrip Birmingham

© Reise Know-How Verlag
Peter Rump GmbH
1. Auflage 2018

Alle Rechte vorbehalten.

ISBN 978-3-8317-2966-1
Printed in Germany

Druck und Bindung:
Media-Print, Paderborn

Herausgeber: Klaus Werner
Layout: amundo media GmbH (Umschlag, Inhalt),
Peter Rump (Umschlag)
Lektorat: amundo media GmbH
Karten: Ingenieurbüro B. Spachmüller,
amundo media GmbH
Anzeigenvertrieb: KV Kommunalverlag GmbH &
Co. KG, Alte Landstraße 23, 85521 Ottobrunn,
Tel. 089 928096-0, info@kommunal-verlag.de
Kontakt: Osnabrücker Str. 79, 33649 Bielefeld,
info@reise-know-how.de

Alle Angaben in diesem Buch sind gewissenhaft geprüft. Preise, Öffnungszeiten usw. können sich jedoch schnell ändern. Für eventuelle Fehler übernehmen Verlag wie Autorin keine Haftung.

Liste der Karteneinträge

076bh-ar

◁ *In Birmingham ist man stolz auf den berühmten Sohn der Stadt (s. S. 105)*

Hier nicht aufgeführte Nummern liegen außerhalb der abgebildeten Karten. Ihre Lage kann aber wie die von allen Ortsmarken im Buch mithilfe der Web-App angezeigt werden (s. S. 144).

Zeichenerklärung

⓫	Hauptsehenswürdigkeit
✚ ✚	Arzt, Apotheke, Krankenhaus
❶	Bar, Bistro, Treffpunkt
☎	Bed and Breakfast, Pension
◐	Café, Eiscafé, Teestube
⎰	Denkmal
†	Friedhof
ⓖ	Galerie
◗	Geschäft, Kaufhaus, Markt
⌂	Hotel, Unterkunft
❶	Imbiss
❶	Informationsstelle
@	Internetcafé
ⓤ	Jugendherberge, Hostel
ⓚ	Kino
⇨	Kirche
☪	Moschee
❷	Musikszene, Disco
🅿 🅿	Parkplatz
➤ ✿	Polizei
✉	Postamt
◑	Pub, Kneipe
ⓦ	Restaurant
•	Sonstiges
⑤	Sport-/Spieleinrichtung
✡	Synagoge
◐ ⓦ	Theater, Zirkus
❷	Vegetarisches Restaurant
⚏	Railway-Station
○	Straßenbahn-Station
⬭	Shoppingareal
⬭	Gastro- und Nightlife-Areal
▬	Stadtspaziergang (s. S. 13)
★ ★ ★	nicht verpassen
★ ★	besonders sehenswert
★	wichtig für speziell interessierte Besucher

Birmingham mit PC, Smartphone & Co.

QR-Code auf dem Umschlag scannen oder **www.reise-know-how.de/citytrip/birmingham18** eingeben und die **kostenlose Web-App** aufrufen (Internetverbindung zur Nutzung nötig)!

★ **Anzeige der Lage und Satellitenansicht aller** beschriebenen Sehenswürdigkeiten und weiteren Orte
★ **Routenführung** vom aktuellen Standort zum gewünschten Ziel
★ **Exakter Verlauf** des empfohlenen Stadtspaziergangs
★ **Audiotrainer** der wichtigsten Wörter und Redewendungen
★ **Updates** nach Redaktionsschluss

GPS-Daten zum Download
Auf der Produktseite dieses Titels unter www.reise-know-how.de stehen die GPS-Daten aller Ortsmarken als KML-Dateien zum Download zur Verfügung.

Stadtplan für mobile Geräte
Um den Stadtplan auf Smartphones und Tablets nutzen zu können, empfehlen wir die App „Avenza Maps" der Firma Avenza™. Der Stadtplan wird aus der App heraus geladen und kann dann mit vielen Zusatzfunktionen genutzt werden.